Hermann M. Probst / Norbert Baumert (Hg.)
Den Glauben gemeinsam feiern

T0161636

DEN GLAUBEN GEMEINSAM FEIERN

LITURGISCHE MODELLE UND REFLEXIONEN FÜR EINE GELINGENDE ÖKUMENE

Herausgegeben im Auftrag der Evangelischen
und Katholischen Hochschulgemeinde
an der Technischen Universität München

von

Hermann M. Probst · Norbert Baumert

EVANGELISCHE VERLAGSANSTALT
Leipzig

Bibliografische Information der Deutschen Nationalbibliothek
Die deutsche Nationalbibliothek verzeichnet diese Publikation in der Deutschen Nationalbibliografie; detaillierte bibliografische Daten sind im Internet über http://dnb.ddb.de abrufbar.

Umschlagfoto: © kna-Bild
Umschlaggrafik: Karin Cordes

© 2014 by
Bonifatius GmbH Druck · Buch · Verlag Paderborn
und Evangelische Verlagsanstalt GmbH, Leipzig

ISBN 978-3-89710-471-6 (Bonifatius)
ISBN 978-3-374-02922-8 (Evangelische Verlagsanstalt)

Alle Rechte vorbehalten. Das Werk einschließlich seiner Teile ist urheberrechtlich geschützt. Jede Verwertung außerhalb der engen Grenzen des Urheberrechtsgesetzes ist ohne Zustimmung des Verlages unzulässig und strafbar. Das gilt insbesondere für Vervielfältigungen, Übersetzungen, Mikroverfilmungen und die Einspeicherung in elektronische Systeme.

Gesamtherstellung:
Bonifatius GmbH Druck · Buch · Verlag Paderborn

INHALT

Hermann M. Probst

Vorwort –
Den Glauben gemeinsam feiern

Den Glauben gemeinsam feiern, als Christinnen und Christen Gottesdienst in Gemeinschaft gestalten, das ist die tiefe Sehnsucht der Ökumene. Immer wieder wurde in der Vergangenheit darum gerungen, solche Formen von Gottesdiensten zu finden, die Christinnen und Christen gemeinsam feiern können.

Dass die alte Wunde der Ökumene sich aber noch nicht schließen will, dass eine gemeinsame Feier der Eucharistie aus den verschiedensten Gründen – der wichtigste ist wohl die noch ausstehende gegenseitige kirchenamtliche Anerkennung kirchlicher Ämter – noch nicht möglich ist, wird dabei nicht verdrängt. Doch sich in die je eigene Konfession zurückzuziehen und weitere gemeinsame Versuche zu stornieren, ist kein Weg.

Einen anderen Weg zu versuchen und Chancen für gemeinsam mögliche Feiern des Glaubens zu finden, ist entscheidend, und deswegen die Aufgabe, der sich der hier vorliegende Sammelband stellt. Es geht darum, den aktuellen Stand der ökumenischen Debatte theologisch zu klären und dabei das gemeinsam Mögliche herauszuarbeiten. Es geht darum, gegenwärtig stattfindende ökumenische Feiern in den Blick zu nehmen und zentrale theologische Gemeinsamkeiten aufzuzeigen. Ziel ist, durch das Beispiel von gelungenen gemeinsamen Gottesdienstmodellen Mut zu machen, ökumenische Wege aufzuzeigen, die für die eigenen Gemeinden vor Ort möglich sind. Dabei ist überraschend, wie Gottesdienste aus den ältesten christlichen Gemeinden fruchtbar dafür werden, solche neuen Wege der Ökumene zu entdecken: die urchristliche Taufe auf der einen Seite, die Feier eines gemeinsam liturgisch gestalteten Essens – die Agape – auf der anderen Seite.

Damit aber ist unser Buch und die Sammlung seiner Beiträge aktuell und kann Anstöße geben für ökumenisch gelebte Gottesdienstpraxis weit über seinen aktuellen Anlass – den 2. Ökumenischen Kirchentag 2010 (2. ÖKT) – hinaus!

ANLASS DES BUCHES

Wege der Ökumene aufzutun, sich nicht an verschlossenen Türen abzuarbeiten – das war der innere Grund dafür, im Jahr 2010 den 2. Ökumenischen Kirchentag 2010 in München einzuberufen. War der erste Ökumenische Kirchentag 2003 in Berlin zu einem sehr starken Signal des liturgischen Aufbruchs geworden – ein evangelischer Gottesdienst mit katholischer Mitwirkung und eine katholische Messfeier mit evangelischer Mitwirkung in der Berliner Gethsemanekirche hatten starke Wellen geschlagen –, wollte man nun zurückhaltender vorgehen. Das Kirchentagsmotto 2010 „Damit ihr Hoffnung habt" wollte deswegen die innerkirchlichen Debatten auf andere Bahnen lenken: es sollte darum gehen, gegenüber den bedrängenden Ängsten der Gegenwart christliches Vertrauen und Zuversicht zu stärken. Das Thema Ökumene als solche ließ sich jedoch schon im Vorfeld des 2. ÖKT nicht aus der Debatte heraushalten. Die katholischen und evangelischen Studierenden- und Hochschulgemeinden in München an TUM und LMU haben sich deswegen in Vorbereitung des 2. ÖKT diesem ökumenischen Thema gestellt und eine theologische Fachtagung zu den Grundlagen ökumenischen Lebens ausgerichtet. Diese Fachtagung wurde von den Kirchen offizieller und finanziell unterstützt – herzlicher Dank für dieses Vertrauen und diese Unterstützung!
Thema war „Eingeladen zum Fest des Glaubens", angelehnt an das Motto eines aktuellen Kirchenliedes von Eugen Eckert[1]. Ort war am 4. und 5. Februar 2010 das

---

[1] E. Eckert, Eingeladen zum Fest des Glaubens (Musik: A. Ve-

Bildungszentrum „Kardinal-Döpfner-Haus" in Freising. Die Vorträge der damaligen Fachtagung werden in diesem Band gesammelt vorgestellt. Über den Anlass des Ökumenischen Kirchentags 2010 hinaus liefern sie wichtige Einsichten, Perspektiven und gelingende Beispiele für die gemeinsame „Feier des Glaubens". Jeder dieser Beiträge ist nach wie vor wissenschaftlich, kirchenpolitisch und praktisch-theologisch aktuell, die Beiträge wurden für ihre Veröffentlichung im Jahr 2014 jeweils aktualisiert.

THEMEN DER BEITRÄGE

Eine exegetische Fundierung ist entscheidend in Zeiten oftmals sehr flachwurzelnder theologischer Argumentation. Wie kam es bereits in der Gemeinde von Korinth zum Konflikt um das gemeinsame Mahl? Wie hat Paulus theologisch eingegriffen? Ist sein Aufruf zu urchristlicher Liebesgemeinschaft nicht der Weg, der uns aus kirchenrechtlichen und theologischen Aporien herausführen kann? Prof. Dr. Norbert Baumert SJ (Wien), ein profilierter Paulus-Exeget, eröffnet in seinem Beitrag überraschende Perspektiven auf Basistexte der gemeinsamen und normativen biblischen Überlieferung.

Prof. Dr. Dr. h.c. Gunther Wenz (Direktor des Instituts für Fundamentaltheologie und Ökumene und Inhaber des Lehrstuhls für Systematische Theologie I (mit Schwerpunkt Dogmatik) an der Evangelisch-Theologischen Fakultät der Ludwig-Maximilians-Universität München) analysiert in seinem Beitrag die Grundlagentexte der kirchlichen Normen in lehramtlichen Aussagen und verbindlichen Dogmen. Präzise arbeitet er her-

---

ciana 1989), © Strube Verlag München, jetzt in: Durch Hohes und Tiefes, Gesangbuch der Evangelischen Studierendengemeinden Deutschland, E. Eckert / F. Kramer / U. K Plisch (Hg), München 2008, Nr. 69

aus, was kirchenamtlich aus der Sicht evangelischer und katholischer Kirchenleitung formuliert und festgelegt worden ist. Trotz der Sprache der Verdikte und Abgrenzungen, die in manchen Dokumenten hörbar wird, gibt es Wege zueinander, die in gegenseitigem Respekt und Rücksichtnahme möglich sind, die aber nur gangbar werden, wenn die begründeten Diskrepanzen geklärt sind.

Auf diesen Wegen zueinander kann sich jenseits aller dogmatischen Diskrepanzen eine lebendige gottesdienstliche Realität entwickeln. Dies arbeitet Dr. Florian Ihsen (Theologe und evang.-luth. Pfarrer an der Erlöserkirche München) in seinem Beitrag heraus und fragt, welche inneren Gründe und Ursachen der Realität von so genannten „ökumenischen Gottesdiensten" zugrunde liegen. Welche unterschiedlichen Formen entwickeln sich aus den verschiedenen Anlässen ökumenischer Gottesdienste? Sein Anliegen ist es, aufzuzeigen, dass nur theologisch tiefreichend begründete und in gegenseitiger Achtung erarbeitete Formen einer Liturgie weiterführen werden.

Die kirchensoziologische Sicht bringt Prof. Dr. Hanns Kerner (Leiter des Evang.-Luth. Gottesdienstinstitutes Nürnberg) durch einen Bericht über sozialpsychologische Untersuchungen zu ökumenischen Gottesdienstprojekten ins Spiel. Wo konnten diese Gottesdienste anschließen an gegebene Bedürfnisse und Erwartungen von Gottesdienstbesucher(nne)n? Wo gab es Konflikte zwischen Gottesdienstform und den religiösen Erwartungen der Teilnehmenden? Es gilt, diese Konflikte so scharf herauszuarbeiten, dass Konturen spiritueller Missverständnisse deutlich werden und eine sozialpsychologisch, aber eben auch theologisch vertiefte Debatte über die Gestaltung und Akzeptanz ökumenischen Feierns möglich wird.

Auf Grund dieser Reflexionen über Exegese, Fundamentaltheologie, Kirchensoziologie und Sozialpsychologie sind nun aktuelle Beispiele ökumenischen Feierns zu würdigen. Einer der Höhepunkte der Fachtagung war der Bericht von Weihbischof Dr. Joachim Hauke (gegenwärtig Diözesanadministrator Bistum Erfurt) aus seiner Arbeit in der Erfurter Diözese. In seinem Beitrag beschreibt Hauke theologisch begründete und liturgisch berührende Feiern für bislang kirchenferne Menschen, wie sie im Erfurter Dom angeboten werden. Die Mehrzahl der Bevölkerung hat keine Heimat mehr in den christlichen Kirchen. Dies gilt inzwischen für das gesamte Bundesgebiet, insbesondere natürlich für Haukes Diözese im Herzen Thüringens. Kirchenferne Menschen sind jedoch nicht grundsätzlich areligiös. Es ist ihnen wichtig, an besonderen Wendepunkten des Lebens Zuspruch und Segen zu erfahren. Wie dies in helfender Zuwendung in eigens geformten Feiern erlebbar gemacht und theologisch reflektiert werden kann, ist die zentrale Aussage seines Beitrags.

Einen ebenso weiten Horizont spannt die praktische Theologin Dr. habil. Brigitte Enzner-Probst (Privatdozentin und Lehrbeauftragte an der Theologischen Fakultät Bern/Schweiz, damals Hochschulpfarrerin der Evangelischen Hochschulgemeinde an der Technischen Universität München (EHG-TUM)) auf. In ihrem Beitrag beschreibt sie zunächst als ein Beispiel gelingender Ökumene die so genannte „Nachtkirche" von Katholischer Hochschulgemeinde (KHG) und EHG an der TUM mit ihrer abschließenden ökumenischen Agapefeier. Diese nach wie vor ökumenisch anerkannte Form einer liturgischen Mahlfeier bildet den Ausgangspunkt ihrer Frage nach den Bedingungen gelingender ökumenischer Liturgie. Beispielhaft kann dafür die zweite gemeinsam anerkannte Liturgie – die der Taufe – als ein solches ökumenisches Grunddatum angesehen werden. In ihrer performativen Gestaltung bereits in den ältesten überlieferten Liturgien machen Taufe und Agape Mut, heute wieder gemeinsam und inklusiv Gottesdienste zu gestalten. Dabei kann auch die seit der Konstantinischen Wende einsetzende Ausgrenzung von Frauen aus der Mitgestaltung von Liturgie und Kirche überwunden werden. Vor allem diese Ausgrenzung war damals der Beginn weitreichender Dogmatisierung und Verrechtlichung von Liturgie und Kirche insgesamt, die zuerst aufgearbeitet werden muss, will Kirche und ihre Liturgie wieder glaubwürdig und anziehend wirken!

Zurück zu den Wurzeln – zu Taufe und Agape! Mit diesem Ruf schloss sich der Vertreter der orthodoxen Kirchen an die praktische Theologin an. Erzpriester Apostolos Malamoussis (Bischöflicher Vikar für Bayern, damals leitender Priester der griechisch-orthodoxen Allerheiligenkirche in München) zeigte nochmals überzeugend auf, dass die Ostkirche in Taufe und Agape ein wesentliches kommunikatives und performatives Element des urchristlichen Gottesdienstes bewahrt hat. Sichtbar wird dies vor allem in der Artoklasia, die in der Feier der Vesper als Ritus des Brotbrechens – als orthodoxe Formung der Agape – gefeiert wird. Sie erinnert an die Mahlfeiern Jesu, an die gemeinsamen Mahle der Jüngerinnen und Jünger Jesu nach Ostern sowie an die Mahlfeiern in den paulinischen Gemeinden. Liturgische Gestalt und spirituelle Verwurzelung in der Gemeinde bieten eine Form der gemeinsamen Mahlfeier, die im besten Sinn ökumenisch ist und ökumenisch wirkt.

Diese Bedeutung der Artoklasia als eigenständige Liturgie in der frühesten Kirche – mit ihren Wurzeln in den Mahlfeiern des irdischen Jesus – zu beschreiben und in Erinnerung zu rufen, habe ich mir im Nachklang zu unserer Fachtagung nochmals zur Aufgabe gestellt.

Das Nachwort von Norbert Baumert fasst die Beiträge unseres Bandes theologisch zusammen und macht sie für die aktuelle ökumenische Debatte fruchtbar. Entscheidend ist für ihn, dass bei allem Respekt für kirchliche Gegebenheiten die Gemeinsamkeit des „ökumenisch Machbaren" immer wieder neu gesucht und gemeinsam gefeiert wird, und dass damit Menschen, die bislang außerhalb von Kirche und Liturgie stehen, glaubwürdig eingeladen und aufgenommen werden!

Doch ist mit den theologischen Fachbeiträgen, die in den Beiträgen dieses Sammelbandes dokumentiert werden, die Fachtagung keineswegs abschließend beschrieben. Den geistlichen Höhepunkt der Fachtagung – als Konkretisierung des gemeinsam Erarbeiteten – bildete vielmehr die gemeinsame Vesperliturgie, worin eingebettet die Feier der Artoklasia festlich begangen wurde. Sie wurde gestaltet von den Erzpriestern Apostolos und Ploutarchos (Priester der orthodoxen Allerheiligenkirche in München) in der barocken Kapelle des Freisinger Kardinal-Döpfner-Hauses. Diese Feier berührte alle Anwesenden, durch die geistliche Tiefe der Liturgie ebenso wie durch die liturgische Präsenz der Leitenden. Auch die Musik hatte daran ihren Anteil. Die Lieder und Texte dieser Vesperliturgie wurden eigens für diese Tagung geschrieben und komponiert von Hans-Peter Riermeier. Vor allem aber ruhte diese Liturgie auf einem Fundament gemeinsamen Respekts, gegenseitiger Achtung und eines dadurch gewachsenen Vertrauens der Teilnehmenden untereinander. Es war dies ein Hoffnung gebendes, gelungenes Beispiel liturgischer Performanz, ein gemeinsames Gestalten und Verstehen, das sich aus geglückter Kommunikation speiste.

Nach dem Votum von Vater Apostolos war dies das erste Mal, dass die Artoklasia als orthodoxe Liturgie in einer Kirche gefeiert wurde, die nicht orthodox geweiht war, mit Teilnehmenden, die mehrheitlich ebenfalls nicht orthodoxen Kirchen angehörten! Dass die Liturgie während der Freisinger Fachtagung so berührend und ermutigend gelang, war für Vater Apostolos der positiv verlaufene Test für das größeres ökumenisches Projekt, was während des 2. ÖKT dann realisiert wurde. Im gemeinsamen Vespergottesdienst am Freitag, dem 14. 5. 2010, luden die orthodoxen und evangelischen Kirchen sowie die römisch-katholische Kirche zu einer Artoklasia auf dem Odeonsplatz ein. Hochrangige offizielle Geistliche und weit über 10 000 Teilnehmende versammelten sich an langen Tischen, brachen Brot, feierten das Fest des Glaubens. Es war dies eine bewegende Feier, die auch von den Medien stark beachtet wurde. Seitdem hat sich manches bewegt in der jüngsten Geschichte der Kirche. Die Aufgabe der theologischen Reflexion von Liturgie bleibt. Das vertiefte Nachdenken über biblische Wurzeln, pastoraltheologische Fragen und dogmatische Begründungen eines gemeinsamen gottesdienstlichen Feierns und damit eines gemeinsamen weiteren Weges, ist den Kirchen als dringende Aufgabe gestellt. Es steht zu hoffen, dass heute wie damals der ökumenische Diskurs sich weiter belebt, um voranzukommen zu glaubwürdigen und begeisternden Formen, den „Den Glauben gemeinsam feiern"!

DANKESPFLICHTEN

Unser Buch erscheint nun einige Zeit nach dem 2. ÖKT. Dies liegt begründet in persönlichen Krankheitszeiten, auch zusätzlichen dienstlichen Aufgaben der Beteiligten, die ein rasches Reagieren nicht möglich machten. Dass unser Band nun dennoch seinen Weg in die Öffentlichkeit antreten kann, verdankt sich zunächst meinem Mitherausgeber, Herrn Prof. Dr. Norbert Baumert SJ. Er hat sich trotz vielfältiger wissenschaftlicher und geistlicher Aufgaben bereit erklärt, die undankbaren Aufgaben des Redigierens und Korrigierens mit mir zu übernehmen. Durch sein Nachwort führt er aktuell die angestoßene Debatte mit theologischen Argumenten weiter.

Zu danken haben wir der Autorin und den Autoren, die damals durch ihre Beiträge und durch ihre Mitwirkung an der Debatte und an vielfältigen (Nacht-)Gesprächen am Rande unserer Tagung zu einem sehr guten Gelingen beigetragen haben. Sie waren bereit, ihre Beiträge nochmals durchzuarbeiten, aktuelle Entwicklungen zu reflektieren und die Vorträge zur Veröffentlichung zur Verfügung zu stellen.

Entscheidend war zudem, dass wir aus erster Hand erfahren konnten, wie Katholiken- und Kirchentage seit 2010 die theologischen und liturgischen Impulse des 2. ÖKT aufgegriffen und weiterentwickelt haben (vgl. in diesem Band S 178-180). Besten Dank an den geistlichen Rektor und die Programmreferentin des Katholikentages, Pfarrer Stefan Eirich und Frau Lioba Speer sowie an Kirchentagspastor Joachim Lenz!

Herzlichen Dank auch den Kolleginnen und Kollegen der evangelischen und katholischen Hochschul- und Studierendenarbeit, die durch Impulse und persönliches Engagement unseren gemeinsamen Dienst und auch unsere damalige Tagung bereichert und gestaltet haben. Besten Dank Herrn Pastoralreferenten Robert Lappy, Hauptabteilungsleiter Strategie und Organisationsentwicklung im Erzbischöflichen Ordinariat München, der mit mir 2010 unsere Tagung geleitet hat.

Träger unserer Tagung damals waren neben dem „Forum Hochschule und Kirche" die „Evangelische Student(inn)engemeinde Deutschland" und die Evangelischen und Katholischen Hochschulgemeinden von Ludwig-Maximilians-Universität und Technischer Universität München – auch dafür herzlichen Dank.

Solcher Dank gilt insbesondere den Mitgliedern unserer Hochschulgemeinden. Ihr geistliches Engagement über die Jahre hin hat ja erst möglich gemacht, was wir schließlich in Freising gemeinsam erarbeiteten. Ihre Mitwirkung an der Tagung war ein wichtiger Bestandteil unserer gemeinsamen „Feier des Glaubens".

Ein herzliches „Vergelts Gott" auch an die Mitarbeitenden des „Kardinal-Döpfner-Hauses" auf dem Domberg zu Freising. Besten Dank den haupt-, neben- und ehrenamtlichen Mitarbeitenden der Evangelischen und Katholischen Hochschulgemeinde an der Technischen Universität München (EHG-TUM und KHG-TUM), die die organisatorische Hintergrundarbeit dieser Fachtagung gemeistert haben.

Herzlichen Dank der Evangelischen Kirche in Deutschland (Kirchenkanzlei der EKD) sowie dem „Forum

Hochschule und Kirche – Katholische Kirche an den Hochschulen", die mit einem finanziellen Beitrag die Veröffentlichung dieses Buches ermöglichten. Beide haben uns ermutigt, die uns gestellte Aufgabe trotz mancher Hemmnisse abzuschießen. Dieser Band darf herausgegeben werden im Auftrag der Evangelischen und Katholischen Hochschulgemeinde an der Technischen Universität München (EHG-TUM und KHG-TUM). Für das damit verbundene Vertrauen und eine auch finanzielle Förderung gilt unser Dank den KollegInnen und Gemeinderäten von EHG-TUM und KHG-TUM, den Verantwortlichen in der Evang.-Luth. Landeskirche Bayern, dem Evang.-Luth. Dekanat München und der Erzdiözese München-Freising.

Ein besonderer Dank gebührt schließlich dem Bonifatius-Verlag Paderborn – Herrn Dr. M. Ernst als verantwortlichem Lektor – und der Evangelischen Verlagsanstalt Leipzig, dass sie das Erscheinen dieses Buches möglich machten. Ebenso herzlichen Dank Herrn Dipl.-Theol. Hans-Peter Riermeier und Frau Susanne Schuster, die Korrektur und Satzarbeiten so kenntnisreich und engagiert durchgeführt haben!

Norbert Baumert

LIEBLOSIGKEIT BEIM LIEBESMAHL?

PAULUS IM RINGEN UM DEN GOTTESDIENST DER GEMEINDE

Was vermittelt uns Paulus über urchristliche Formen des Gottesdienstes? Am Anfang gibt es nicht den Unterschied zwischen „Juden" und „Christen", sondern alle Christusgläubigen waren Juden, und sie verstanden sich auch weiterhin so: Juden, welche in Christus die Erfüllung der Verheißung an Israel erlebt haben und darin leben. Jesus hatte mit den Jüngern Mahl gehalten; das waren bis zum Tag vor seinem Tod keine „Eucharistiefeiern", wohl aber am Sabbat und an Festtagen so etwas wie typisch jüdische Mähler mit Segen (Kiddusch), die nicht in der Synagoge, sondern in den Häusern gehalten wurden. Wie haben sie in diesen Hausliturgien Jesus in seiner Beziehung zum Vater erlebt?

Erst am Tag vor seinem Tod fügt Jesus etwas Neues hinzu: Beim Paschamahl, das zunächst mit einem Segen über Wein und Brot begann, fügte er hinzu: „Nehmet, das ist mein Leib, das ist mein Blut." Dies geschieht *nach* dem Mahl, ist also nicht ein Ersatz oder eine Ablösung für den Kiddusch, sondern eine *Hinzugabe* (ähnlich wie Paulus seine Begegnung mit dem erhöhten Christus als „Zu-Erkenntnis" kennzeichnet – vgl. Röm 10,2). So können wir davon ausgehen, dass die judenchristlichen Hausgemeinden die typisch jüdischen Formen der Haus-Liturgie weiterhin pflegten, und *zusätzlich*, als etwas Besonderes, die Gedächtnisfeier, die ihnen Jesus aufgetragen hatte. Wenn es also in der Apostelgeschichte heißt: „Sie brachen in den Häusern das Brot" (Apg 4,46), kann man sich fragen, ob bei diesem Ausdruck auch ein Eröffnungskiddusch mitgemeint war, der möglicherweise am Abend des Sabbat mit einem Mahl verbunden war und dem – in innerer Einheit damit – am Sonntagmorgen die Eucharistie folgte (ob getrennt davon in den frühen Stunden oder in einer Art Vigil, wie es später aus Rom bezeugt ist).

Für diese Zweischichtigkeit urchristlicher Hausliturgie (Kirchengebäude gab es nicht) ist Paulus Zeuge. Seine Briefe sind dabei nicht nur Zeugnis von seiner persönlichen Praxis oder einer spezifischen Praxis in seinen Gemeinden, sondern sie bezeugen eine breite allgemeine Praxis. Denn es gibt nirgends ein Anzeichen, dass Paulus in seinen Gemeinden Sonderstrukturen entwickelt hätte, die sich nicht in den Strom der von Jerusalem ausgehenden Gemeindebildung eingefügt hätten (vgl. 1 Kor 7,17; 11,16; 15,11).

Ausgangspunkt sind für uns 1 Kor 10 und 11 sowie zwei Abschnitte aus der Didache (Did); letztere gibt ja Zeugnis von der *allgemeinen* urchristlichen Praxis. Die übliche Vorstellung ist: Paulus spreche in 1 Kor 10 und 11 zweimal über die Eucharistiefeier, welche in 1 Kor 11 in eine gemeinsame Mahlfeier, die wir „Agape" zu nennen gewohnt sind, integriert ist. Auch in der Didache sei zweimal, in Did 9-10 und 14, von einer Eucharistiefeier die Rede, in Did 10 ebenfalls in Verbindung mit einer Mahlfeier. Aber stimmt diese Deutung? Was die Paulusbriefe betrifft, so bin ich der Überzeugung, dass die beiden kanonischen Korintherbriefe das Ergebnis einer Redaktionsarbeit sind. Man hatte die Briefe des Apostels nach Korinth, die relativ zahlreich gewesen sein müssen, gesammelt, und ein offiziell beauftragter Redakteur hat sie in die heutige Form gebracht. So fügte er in „2 Kor" drei Briefe ineinander, die von Paulus im Rahmen einer konkreten Auseinandersetzung um sein Apostelamt geschrieben worden waren, während er in „1 Kor" insgesamt zehn Blöcke aneinanderreiht, die aus weiteren Briefen stammen dürften.[2]

---

[2] Näheres s. in meiner Reihe „Paulus neu gelesen: Sorgen des

Manche Blöcke könnten je eigene Briefe sein (z.B. 1,10-4,21; 12-14; 15), andere Blöcke sind Zusammenstellungen verschiedener Abschnitte, die thematisch wenigstens lose zusammenpassen; so z.b. Block VII: 1 Kor 10 und 11: „Der urchristliche Gottesdienst".

1. WELCHE PRAXIS STEHT HINTER 1 KOR 10,14-22?

Auslöser für die Thematik von Segensbecher und Brotbrechen ist die Gefahr des Götzendienstes. Adressaten sind Heidenchristen, die vorher ja andere Götter verehrt hatten und die vielfach in Familien leben, wo diese Kulte weiter gepflegt werden. Dabei geht es nicht, wie etwa in 10,23-33, um das Essen von Fleisch, das bestimmten Göttern, etwa beim Schlachten, geweiht worden war, sondern um formalen Götzendienst, also Teilnahme an Kulthandlungen zu Ehren bestimmter Götter, mit einer kultischen Mahlgemeinschaft. Daher die deutliche Aufforderung: „Fliehet den Götzendienst!" (Der Abschnitt 10,23-11,1 setzt hingegen eine andere Briefsituation voraus, weshalb er einem anderen Brief angehört haben dürfte.) Als Hinführung zu 10,14-22 bringt Paulus den Wüstenzug Israels in Erinnerung, wobei er mit der Zusage endet, dass Gott sie in den Erprobungen ihres neuen Weges nicht verlassen wird, sondern

---

Seelsorgers. Übersetzung und Auslegung des 1. Korintherbriefes" (kurz SdS); Mit dem Rücken zur Wand (2 Kor, kurz RzW) und: Der Weg des Trauens (Gal und Phil), Würzburg 2007/8/9. – Ferner s. zu 1 Kor 10 und Didache: N. Baumert, Koinonein und Metechein – synonym?, SBS 51, Stuttgart 2003, 381-477 im Folgenden abgekürzt: KuM), sowie SdS, RzW und WdT. Zu 1 Kor 11,17-34 s. auch die Dissertation von J. Inziku, Overcoming Divisive Behaviour. An Attempt to Interpret 1 Cor 11,17-34 from Another Perspective, Frankfurt 2005 – Hinter allem steht eine erheblich veränderte Gesamtsicht der Paulusbriefe, die für die genannten Texte hier dargelegt werden wird, deren Begründung aber in der oben genannten Literatur zu suchen ist.

„den Ausweg schaffen wird, dass ihr zum Durchhalten fähig werdet" (10,1-13). Man bedenke, dass dieser Punkt bald zur Zerreißprobe für die Heidenchristen wird! Paulus sieht, dass es bei dieser Frage ums Ganze geht! Den Juden gegenüber hatte man sich im Römerreich daran gewöhnt, dass sie einen eigenen Gott haben; aber dass nun *Christusgläubige aus den Völkern* nicht mehr ihre heimischen Götter verehren, das wird in den Familien und in der Stadt als Verrat und Gefahr für ihre Götter empfunden!

Doch Paulus sieht: Wer einmal dem wahren Gott begegnet ist, wie er sich in Christus offenbart, der kann nicht mehr ‚fremd – gehen'. Dem stellt Paulus nun den christlichen Gottesdienst gegenüber. Und er beginnt nicht sofort mit der Eucharistie, sondern denkt bei dem „Becher, den wir segnen" an eine Art Eröffnungssegen. Nun der Text:

> 1 Kor 10,14-22: [14]Darum, meine Lieben, fliehet vor dem Götzendienst! [15]Zu einsichtigen Leuten rede ich ja; beurteilt ihr selbst das, was ich sage: [16]Was den Segensbecher betrifft, den wir (zu Beginn einer Versammlung in einer Eröffnungsdanksagung) segnen, stellt er nicht dar ‚Gemeinschaft des Blutes des Christus'? Was das Brot, das wir brechen, betrifft, stellt es nicht dar ‚Gemeinschaft des Christusleibes'? [17]Denn ein Brot, ein Leib sind wir viele; alle nämlich gehören wir von dem einen Brot her (zu dem einen Leib) dazu. [18]Blickt hin auf das Israel-nach-dem-Fleisch: Sind nicht diejenigen, die die Schlachtopfer essen, miteinander ‚Altar-Gefährten'?
> [19]Was sage ich damit? Dass das Götzenopferfleisch etwas ist? Oder dass ein Götzenbild etwas ist? [20]Vielmehr dass, was sie opfern, sie Dämonen und nicht einem Gott opfern. Ich bin aber keineswegs damit einverstanden, dass ihr ‚Dämonengefährten' werdet. [21]Nicht könnt ihr einen ‚Herren-Becher' trinken und einen ‚Dämonen-Becher'; nicht könnt ihr mitteilhaben an einem ‚Herren-Tisch' und an einem

‚Dämonen-Tisch'. [22]Andernfalls fordern wir heraus den Herrn! Sind wir etwa stärker als Er?

Warum beginnt Paulus in V 16 mit dem Wein und nicht mit dem Brot? Passt der Begriff „segnen" für das Deutewort über dem Becher, also für die Gedächtnisfeier mit dem Blut Christi? Und wieso stellt die Eucharistie die Gemeinschaft der Kirche dar? Sie ist doch „Leib und Blut Jesu, des Herrn"! Und begründet die Tatsache des „einen Brotes", dass wir alle ein Leib sind, und zwar aufgrund dessen, dass „wir alle davon essen"? Man vergleiche EÜ, Luther oder andere Übersetzungen mit der obigen. – Wenn viele ein Brot essen, werden sie doch nicht ein Brot! Und werden wir denn (erst) durch das Essen zu einem Leib? Ist nicht die Zusammengehörigkeit eher Voraussetzung dafür, um davon essen zu *dürfen*? Die in Israel „das Schlachtopfer essen", gehören bereits zu Israel und sind schon beim Vollzug des *Opfers* „Altargefährten", um *dann* davon *essen* zu können! Und selbstverständlich sind sie *Gefährten untereinander*, nicht etwa *des* Altares, sondern *miteinander, am* Altar.

Das Wort „segnen" führt auf eine andere Spur: Die jüdische Sabbatfeier beginnt mit einem „Kiddusch", einer Eröffnungsliturgie, bei der zuerst ein überfließender Becher Wein „gesegnet" wird und von dem dann alle trinken; und erst danach wird, nach einem Dankgebet, ein Brot gebrochen, von dem jeder etwas zu essen bekommt. Damit *beginnt* die Liturgie, vielleicht eine Art Wortgottesdienst, oder auch ein festliches Mahl (so etwa an Pessach). Ist es nicht viel näher liegend, dass die urchristlichen Hausgemeinden, zu denen bald auch Heidenchristen gehören, *an diese jüdische Hausliturgie* anknüpfen und ihr jene Deutung geben, die Paulus uns hier referiert? Er setzt ja voraus, dass die Adressaten darum wissen. Dann wird die Reihenfolge verständlich, die bisher immer ein Rätsel war. Denn die Eucharistie *beginnt stets* mit dem „Brot", nicht mit dem Becher. Andererseits sind Juden vom Pessachfest her damit vertraut, dass drei Mazzot quer übereinander gelegt werden, welche bestimmte Stämme und das Volk Israel als Ganzes repräsentieren. Entsprechend deuteten die urchristlichen Hausgemeinden wohl das gemeinsame Brot bei der Eröffnung auf die neue Heilsgemeinschaft in Christus. Koinōnia heißt hier also nicht (und auch nirgends sonst) „Teilhabe" (EÜ; s. KuM), sondern „Gemeinschaft", welche in diesem Fall durch das Brot „repräsentiert" wird.

Freilich, als erstes steht, in V 16a, „Gemeinschaft *des Blutes Christi*". Wir sind zwar gewöhnt, *„Leib* Christi" ekklesiologisch zu verstehen (1 Kor 12,12.27), aber auch Weinstock und Weinberg sind ein Bild für Israel (Jes 5,1-7) und, wie wir unten in der Didache sehen werden, auch der davon gesammelte Wein! Das heißt dann hier: Der Segensbecher wird als Symbol für die in Christus geeinte Gemeinschaft *(koinōnia)* gedeutet und ist damit ein Zeichen für die Zugehörigkeit zu dieser „Blutsgemeinschaft"! Nicht jeder darf davon trinken, sondern nur, wer dazugehört. Wie Wein und Brot aus vielen Bestandteilen zusammengeführt wurden (s.u. Didache) und nun einen Becher füllen und ein Brot sind, so ist auch „das Blut des Christus" und „der Leib des Christus" aus vielen Menschen zu einer Versammlung geworden, für die Brot und Wein nun *Bilder sind.* Man sieht, wie die Eucharistie, die ja *„Gabe* des Leibes des Herrn" ist und von Gott her der Gemeinde gegeben wird, nicht in diese Linie der Symbolik hineinpasst. Wir *sind* bereits *ein Leib*, was symbolhaft „von dem einen Brot her" unmittelbar einsichtig ist (in V 17 führt Paulus also nur die Linie des Brotes weiter; aber s. u. Didache). Das wird bestätigt durch den Vergleich mit Israeliten, wenn sie eine Opfergemeinschaft bilden (vgl. Ex 12,3f; 1 Sam 1,4f.9). Sie *sind* bereits im Opfern eine Gemeinschaft, und sind deshalb berechtigt, von dem Mahl zu essen. Also ist die Zugehörigkeit zu einer Gruppe oder Gemeinschaft *Voraussetzung* dafür, dass man an einem liturgischen Mahl mitessen und -trinken darf, und ist nicht etwa die Gemeinschaft *Ergebnis* eines gemeinsamen Essens und Trinkens!

V 19 kommt wieder auf den Anlass dieser Überlegungen zu sprechen: „Wenn ich den Vergleich mit dem Opfer der Israeliten heranziehe, will ich nicht etwa sagen, dass die Götzen eine Realität sind (vgl. 1 Kor 8,4f), sondern dass, da sie nichts sind, in dieses Vakuum die Dämonen einbrechen – und diese sind real! Somit würdet ihr Mitglied einer Gemeinschaft, die durch Dämonen geleitet wird (nicht: Kollegen der Dämonen selbst)! Und das wollt ihr doch nicht! Also fliehet den Götzendienst." Denn die Zugehörigkeiten schließen sich aus; man kann nicht zugleich beiden Gemeinschaften angehören! Damit hat Paulus aus der inneren Struktur einer Segnungsliturgie und einer Kultgemeinschaft deutlich gemacht, dass Christusgläubige nicht an heidnischen Kultmahlen teilnehmen können. Merkwürdig aber wäre es und unangemessen, wenn er den „Leib des Herrn" hier in eine Parallele zu den Götzenopfern setzen würde. Und ist „segnen" das passende Wort für das eucharistische Deutewort über dem Kelch? Dies macht zusätzlich skeptisch gegen die übliche Interpretation. Paulus setzt nur voraus – was offensichtlich bald verloren gegangen ist –, dass die Leser eine solche Segensliturgie kennen und praktizieren. Was aber steht hinter 1 Kor 11?

2. Gemeinschaftsmahl und ‚Herrenspeise': 1 Kor 11

1 Kor 11,17-22: [17]Wenn ich allerdings im folgenden Punkt eine Weisung gebe, lobe ich nicht, weil ihr nicht zum Vorteil, sondern zum Nachteil zusammenkommt. [18]Vor allem nämlich höre ich, dass, wenn ihr als Versammlung zusammenkommt, es Absonderungen bei euch gibt, und ich glaube, da ist etwas dran. [19]Es kann ja nicht ausbleiben, dass es sogar Cliquen bei euch gibt, damit auch die Bewährten offenbar werden. [20]Wenn ihr, um Gemeinschaft zu pflegen, zusammenkommt, ist es nicht möglich,

Speise des Herrn zu essen. [21]Jeder nämlich nimmt *bei der Mahlzeit* die eigene Speise vor, und der eine darbt, der andere jedoch schlemmt. [22]Habt ihr denn nicht Häuser zum Essen und Trinken? Oder missachtet ihr die Versammlung Gottes und sucht diejenigen, die nichts dabei haben, zu beschämen? Was soll ich euch sagen? Mit einem Lob lobe ich in diesem Falle nicht!

Dies ist vermutlich ein Abschnitt aus einem anderen Brief als 10,14-22; er setzt eine andere Briefsituation voraus. Es ist nicht so, als ob sich die ganze Gemeinde in verschiedene Gruppen „spaltet" (wie in 1 Kor 1,10-17), sondern dass einige sich beim gemeinsamen Mahl abspalten, also sich von dem Gros der Gemeinde absondern und eine Clique bilden. Wie geschieht das? Man sagt meist, mit Blick auf V 33: Sie beginnen früher mit dem Essen und lassen den anderen nichts übrig. Aber in einem fremden Haus bei einem offiziellen Mahl mit dem Essen zu beginnen, bevor der Hausvater oder Ehren-Vorsitzende das Mahl eröffnet hat, das wäre eine so große Ungehörigkeit, dass so etwas schlechthin unmöglich war (und im Allgemeinen auch heute noch ist). Im Text werden zwei Etappen unterschieden: Das Essen der *Herrenspeise* wird zwar zuerst genannt, ist aber zeitlich wohl später (zumindest der Becher), während „die Mahlzeit" vorausgeht. Dieses Gemeinschaftsmahl wird von einigen gemeinsam für alle vorbereitet. Es ist zwar nicht nur ein symbolisches oder rituelles Stück Brot und ein Schluck Wein, sondern eine Mahlzeit; dennoch steht nicht das Sattessen im Vordergrund, sondern die religiös motivierte Gemeinschaft. So ist zwar für alle etwas bereit, aber doch maßvoll. Diese aus dem Jüdischen stammende Form, die ja einen gewissen liturgischen Charakter hat, verträgt es nicht, dass jemand zusätzlich etwas Eigenes mitbringt und für sich behält. Doch genau dies liegt vor: dass nämlich einige aus ihren Körben oder Taschen mitgebrachte Speisen und Wein *hervorholen* (*prolambánein*). Das Mitbringen erinnert an eine bei den Griechen häufige Form eines gemeinsamen Festmahles, *„Eranos"* genannt: Da bringt jeder Teilnehmer etwas mit, stellt es aber der Gemeinschaft zur Verfügung und nimmt selbst von dem Gemeinsamen. Da dies aber beim jüdisch-christlichen Mahl nicht üblich ist, behalten sie es hier in der Tasche und holen es dann bei entsprechender Gelegenheit für sich selbst hervor. Weil sie jedoch damit die anderen brüskieren, setzen sich solche Leute gern zusammen und bilden bald sozusagen „Cliquen", die sich damit vom Gros der Gemeinde absondern. Doch Paulus moniert: „Habt ihr denn nicht Häuser zum Sattessen und Trinken"? Esst dies doch vorher oder nachher, aber sprengt nicht damit den Charakter des liturgischen Mahles! Denn ein solches Verhalten ist eine „Missachtung der Versammlung Gottes" (V 22). Und mit diesem Egoismus sind sie nicht in der rechten inneren Haltung für den Empfang der „Herrenspeise", die offenbar im Zusammenhang mit dem Mahl gereicht wird.

> 1Kor 11, 23-26: [23]Ich nämlich habe empfangen vom Herrn, was ich euch auch überliefert habe: dass der Herr Jesus in der Nacht, in der er sich überlieferte, Brot nahm, [24]und nachdem er Dank und Segen gesprochen hatte, er es brach und sprach: ‚Dies ist mein Leib für euch; dies tut zu meinem Gedächtnis.'[25]Ebenso auch den Kelch nach dem Essen, wobei er sagte; ‚Dieser Kelch ist der neue Bund in meinem Blute. Dies tut, sooft ihr trinkt, zu meinem Gedächtnis.'[26]Jedesmal nämlich, wenn ihr dieses Brot esst und diesen Kelch trinkt, verkündet ihr den *Tod* des Herrn, bis er kommt.

Kein Zweifel, nun geht es – in der ‚überlieferungsmäßigen' Reihenfolge – um die Eucharistie; sie ist hier nicht Hauptthema, sondern wird zur Motivation angeführt.
Sie wird offensichtlich in Verbindung mit dem ‚Mahl' im Verlauf desselben Abends gereicht. Jedenfalls verträgt sich der Empfang der Herrenspeise nicht mit jener

‚Lieblosigkeit beim Liebesmahl'. Denn Jesus hat dieses Gedächtnis gestiftet, als er *sich überlieferte* (das ist eine mediale Form), und zwar *in den Tod*. Darum dürfen wir das Gedächtnis an diese Liebe nicht in Lieblosigkeit begehen. Dies ist der Grund, warum Paulus nur den ‚Tod' erwähnt. Heute fragt man, ob nicht die Eucharistie auch ein Gedächtnis an seine Auferstehung sei. Jesus lebt doch jetzt als der Erhöhte! Dies ist in der Tat angedeutet in dem *‚bis* er kommt'. Es wäre merkwürdig, wenn Paulus betonen würde: ‚Und dieses Gedächtnis feiern wir bis zum Jüngsten Tag.' Werden wir denn danach nicht mehr in Liebe seines Todes gedenken? Aber, so sagt man, es gibt dann nicht mehr diese Form des Mahles. Gewiss, doch müssten solche Assoziationen irgendwie angedeutet sein (vgl. z. B. Lk 22,18).

Aufgrund vieler anderer Forschungsergebnisse bin ich der Überzeugung, dass Paulus hier nicht an die so genannte ‚Wiederkunft' denkt, sondern daran, dass der Herr in der Feier der Eucharistie ‚gegenwärtig' wird. Dabei geht es nicht um die Frage der ‚Realpräsenz in den Gestalten' (diese wird vorausgesetzt, ist aber nicht Thema), sondern bei ‚Kommen' denkt Paulus daran, dass die versammelte Gemeinde im Verlauf der Feier seine ‚Gegenwart' zu spüren bekommt, so dass man seine *Präsenz* wahrnimmt.[3] Ist es nicht bis heute so,

---

[3] Vgl. SdS 175-177; ferner N. Baumert, Maranatha: Gegenwart und Ankunft des Herrn – 1 Kor 16, 22, in: Geist und Leben 58, 1985, 445-454; auch in Stud 49-58. – Diese Interpretation von „Kommen" würde die Vermutung bestärken, dass in Korinth das eucharistische Brot nicht schon vor dem Mahl und nur der Kelch nachher (s. V 25) gereicht wurde, sondern dass sehr bald beides eine einheitliche Handlung bildete. Wenn Paulus in V 25 wie Lk 22,23 *nach dem Essen* einfügt, ist damit noch nicht gesagt, dass das eucharistische *Brot* schon vor dem Essen gegeben worden sei. Da es beim Pessachmahl mehrere Becher Wein gibt, würde die Hinzufügung beim Kelch nur hervorheben, dass es der „Becher nach dem Essen" war, ohne damit anzudeuten, dass jene beiden Handlungen getrennt zu verschiedenen Zeitpunkten geschehen seien. In sich

dass bei einer aufmerksamen, gläubigen Mitfeier der Eucharistie oder des Abendmahles die Atmosphäre dichter wird und manche sagen können: „Der Herr ist gekommen, er ist da." Dies dürfte auch der ursprüngliche Sinn des Rufes Maranatha sein. So würde Paulus hier zugleich einen Einblick in die Atmosphäre der urchristlichen Feier des Herrenmahles geben: Man wusste, dass er dann in besonderer Weise ‚präsent' werden wird und werden will. Aber dies hängt auch davon ab, wie die Gemeinde disponiert ist (s. u. V 30). Ihre Aufgabe ist es, in Liebe seines Todes zu gedenken; Sache des Herrn ist es, wie er sich als der Lebendige zeigt. Ich muss es hier bei diesen Andeutungen belassen.

1 Kor 11,27-34: [27]Daher: Wer immer isst das Brot oder trinkt den Kelch des Herrn in unangemessener Weise, wird schuldig bezüglich des Leibes und des Blutes des Herrn. [28]Als bewährt hingegen erweise man sich, und dann esse man von dem Brot und trinke aus dem Kelch. 29Denn der ‚Esser' und ‚Trinker' (beim Mahl) isst und trinkt sich (beim Empfang der Eucharistie) eine Züchtigung, da er den Leib (die Versammlung) nicht achtet. [30]Darum sind unter euch viele (geistlich) schwach und kraftlos und schlafen so manche. [31]Wenn wir aber uns selbst kritisieren und korrigieren würden, würden wir nicht gezüchtigt werden. [32]Gezüchtigt werdend aber vom Herrn, werden wir erzogen, damit wir nicht mit der Welt abgeurteilt werden.
[33]Daher, meine Brüder, wenn ihr zum Essen zusammenkommt, nehmt einander an und geht aufeinander ein; [34]wenn einer hungrig ist, esse er zu Hause, damit ihr nicht zu Züchtigung zusammenkommt. Das übrige aber werde ich ordnen, sowie ich gekommen bin.

---

gesehen und im Blick auf Mk 14,22f und Mt 26,26f ist eher anzunehmen, dass es auch beim Abendmahl selbst schon zusammenhängende Handlungen waren.

Gegenüber 1 Kor 10,14-22 fällt die andere Reihenfolge auf; ferner steht nichts vom ‚Segnen' des Bechers, sondern es heißt „Becher des Herrn" sowie „Leib und Blut des Herrn". Dies wäre also bei Paulus eine typisch eucharistische Terminologie, während er bei „Leib *Christi*" ekklesiologisch denkt – nicht nur in 1 Kor 12,12.27, sondern auch in 10,16! V 28 aber spricht nicht nur von „prüfen" (EÜ), sondern das Wort meint hier „sich als bewährt erweisen", also *sich korrigieren*. Es genügt also nicht schon die Feststellung, dass es an der notwendigen Liebe fehlt, sondern Paulus erwartet, dass der Betreffende sein Verhalten ändert, hier konkret: sich beim Essen nicht durch eigene Speisen von den übrigen Teilnehmern separiert. Also nicht nur ‚Reue und Beichte', sondern eine tatsächliche Änderung! Und V 29 konkretisiert, wobei man bei dem folgenden Spiel mit den Worten auf jede Nuance achten muss: „der Essende" und „der Trinkende" meint nicht das Essen und Trinken von Leib und Blut des Herrn; ein substantiviertes Partizip bezeichnet oft einen Beruf oder ein Charakteristikum (z. B. „der Stehlende" = der Dieb); so hier: wer beim Mahl (in der beschriebenen Weise) „Esser und Trinker" ist.

Nicht an Alkoholiker ist gedacht, wohl aber an jenes, offenbar schon längere Zeit praktiziertes, störendes Verhalten beim allgemeinen Mahl, das Paulus damit „auf den Punkt bringt". Wenn also ein solcher „Esser und Trinker" den Leib und das Blut des Herrn empfängt, „*isst* und trinkt" er sich eine Züchtigung („Gericht" ist etwas zu stark, s. EÜ), und zwar deshalb, weil er „*den Leib* (= die Versammlung!) *nicht achtet*" (nämlich die Brüder und Schwestern beim Mahl brüskiert)! *Dann* möge er sich von der Eucharistie fernhalten! Also nicht, als ob er den Leib und das Blut des Herrn nicht von gewöhnlicher Speise *unterscheide* (das weiß er wohl), sondern weil er den Leib *nicht achtet* (so richtig Luther), nur dass Luther „Leib" eucharistisch, nicht ekklesiologisch versteht.

Worin aber besteht die „Züchtigung", die der Herr erteilt? Ein Hinweis auf das Jüngste Gericht wäre sehr massiv und zugleich sehr weit weg. Will Paulus damit die Menschen jetzt zur Liebe motivieren? Und besteht die Züchtigung wenigstens darin, dass manche Menschen nach einer unwürdigen Kommunion sterben oder wenigstens krank werden – eine Art Gottesgericht, das die Gemeinde schon erfahren haben muss und das Paulus ihnen jetzt nur genauer deutet? Wie viele Ängste wegen einer „unwürdigen Kommunion" wurden katholischerseits mit Hinweis auf diesen Text bei Menschen erzeugt! Aber Paulus sagt nach meiner Überzeugung nur: Wer so unwürdig Leib und Blut des Herrn empfängt, erfährt dann darin keine geistliche Hilfe, sondern geht sozusagen leer aus, erhält keine Tröstung und Kräftigung und verfällt in einen geistlichen „Schlaf" (sozusagen „tote Gemeinde"). Die Kraftlosigkeit, mit der man schon Leib und Blut des Herrn isst und trinkt, wird durch den unwürdigen Empfang also noch gesteigert! Folglich möge man sich ändern! Wenn wir aber die Erziehungsmaßnahmen Gottes verstehen und auf sie eingehen, dann wird die Herrenspeise uns zur geistlichen Hilfe, so dass wir wieder „zu Kräften kommen"! – Damit wird nun von der negativen Wirkung her nochmals bestätigt, was wir oben zu V 26 sagten: Der „Herr kommt" demnach in zweifacher Weise: die in demütiger Liebe hinzutreten, denen schenkt er seine „Präsenz", die anderen hingegen erfahren eher eine negative Wirkung: Es schwächt sie! Jesus wird auch für sie gegenwärtig, aber eher mit einem Vorwurf und einem Versagen seiner Nähe. Wer diese Sprache Gottes nicht versteht, muss sich bemühen, sie zu lernen, indem er sich auf dieses dialogische Geschehen einlässt. Gott jedenfalls will uns durch die „Herrenspeise" erziehen und fördern. Die Schlussfolgerung ist nun verständlich. Nicht: „wartet aufeinander" (V 33, EÜ), sondern: „geht aufeinander ein"; bleibt nicht auf euch selbst bezogen mit eurer mitgebrachten Speise, sondern wendet euch den Brüdern und Schwestern zu, so dass die Speise beim liturgischen Mahl nicht Selbst-Zweck ist und ihr dann auch die Stärkung durch die Eucharistie erfahrt. So wurde der Egoismus und Cliquengeist einiger Korinther zum Anlass, dass Paulus uns den Zusammenhang von Liebesmahl, Jesu Liebe bis zum Tod und seiner helfenden und erziehenden Liebe in der Eucharistie erklärte.

3. EINE PARALLELE IN DER ZWÖLFAPOSTELLEHRE: 9,1-5; 10,1-7; 14,1-3

Auch was die Didache betrifft, ist es gängige Meinung, dass zweimal von der Eucharistiefeier die Rede sei, obwohl es in diesem Fall beachtliche Stimmen gibt, die das für die ersten beiden Texte anzweifeln. Interessanterweise wird auch diesmal der Wein als erstes Element genannt!

> Did 9,1-5: [1]Was die Danksagung betrifft, sollt ihr so danksagen (perì dè tēs eucharistías hoútōs eucharistēsate). [2]Zuerst betreffs des Bechers: ‚Wir sagen dir Dank, unser Vater, für den heiligen Weinstock deines Knechtes David, den du uns kundgetan hast durch deinen Knecht Jesus. Dir die Ehre in die Äonen‘! [3]Betreffs dessen aber, was gebrochen wird (perì dè tou klásmatos): ‚Wir sagen dir Dank, unser Vater, über ‚dem Leben und der Erkenntnis‘, welche du uns kundgetan hast durch deinen Knecht Jesus; dir die Herrlichkeit in die Äonen‘! [4]Wie dieses zu Brechende zerstreut war über den Hügeln und zusammengeführt eines wurde, so werde zusammengebracht diene Versammlung von den Enden der Erde in deine Königsherrschaft; denn dein ist die Herrlichkeit und die Macht durch Jesus Christus in die Äonen! [5]Keiner aber soll essen oder trinken von eurer Danksagung (apò tēs eucharistías hymōn) als die auf den Namen des Herrn Getauften; denn auch darüber hat der Herr gesagt: ‚Gebt nicht das Heilige den Hunden‘.

Weil „Danksagung" im Griechischen „*eucharistía*" heißt, war man versucht, hier an Eucharistie im heutigen Sinne zu denken. Aber die Reihenfolge macht wieder stutzig, wobei noch betont wird: „Zuerst" über den Becher! Und der Wein ist nicht „Blut des Herrn", sondern steht für den „Weinstock Davids" und ist uns „durch Jesus kundgemacht". Ist es dann zugleich sein Blut? Ebenso steht das „Brechbare = das Brot" nicht etwa für Jesus, sondern für das *durch* Jesus offenbarte „Leben", nämlich in uns. Und wer noch Zweifel hat: In V 4 steht eindeutig, dass das Brot Symbol ist für die Versammlung. Ist es dann zugleich auch Leib Jesu, der sich uns darin gibt? So haben die Kritiker Recht, die diesen Text nicht auf Eucharistie deuten. Was aber ist es? Unser Vergleich mit 1 Kor 10,14-22 zeigt, dass auch hier ein judenchristliches Segensgebet über *Wein und Brot* (in dieser Reihenfolge) vorliegen muss. Dass V 5 dann einschärft, nur die Getauften dürften von dieser „Danksagung" (= worüber ein Dank- und Segensgebet gesprochen wurde) genießen, bestätigt das hinter 1 Kor 10 stehende Prinzip, dass Teilnahme an dem Segensmahl Zugehörigkeit voraussetzt. Und das betonte „*auch darüber* gilt die Warnung des Herrn" zeigt, dass es noch etwas anderes geben muss, wofür dieses Wort Jesu *erst recht* gilt. So steht die Eucharistie im Hintergrund, aber ist nicht Thema! – Aber, so sagt man: Ist nicht doch wenigstens in 10,6 – nach dem Mahl – eine Einladung zur Eucharistie ausgesprochen?

Did 10,1-5: [1]Nach dem Gesättigtwerden sollt ihr so danksagen (eucharistēsate): [2]Wir sagen dir Dank, heiliger Vater, für deinen heiligen Namen, den du Wohnung nehmen ließest in unseren Herzen, und für die Erkenntnis und Treue und Unsterblichkeit, die du uns kundgetan durch Jesus, deinen Knecht. Dir die Ehre in die Äonen! [3]Du, alles in Händen haltender Herrscher, hast geschaffen alles insgesamt wegen deines Namens, hast Speise und Trank gegeben den Menschen zum Genuss, damit sie dir danksagen; uns aber hast du geschenkt geistliche Speise und Trank sowie ewiges Leben durch deinen Knecht. [4]Vor allem sagen wir dir Dank, dass du mächtig bist. Dir die Herrlichkeit in die Äonen! [5]Gedenke, Herr, deiner Versammlung, sie wegzureißen von jedem Bösen und sie zu vollenden in Deiner Liebe, und führe sie zusammen von den vier Winden, die geheiligte, in deine Königsherrschaft, die du ihr bereitet hast. Denn dein ist die Kraft und die Herrlichkeit in die Äonen!

Dies ist eindeutig ein Gebet nach Tisch, „nach der Sättigung" ein Pendant zu dem Eröffnungsgebet. Es zeigt nochmals, dass dieses Mahl eine religiöse Dimension hat. Es ist ein Dank an den Schöpfer, wobei, wie bei jedem Tischgebet, für „Speise und Trank" (in dieser Reihenfolge) gedankt wird. Denn es ist ein Dank für das ganze Mahl, nicht eine Wiederholung des Eröffnungssegens! Und dieses Gebet artikuliert das, was jene „Versammlung" zusammenführt: Die Erkenntnis und Unsterblichkeit durch Jesus. Auch „geistliche Speise und Trank" weist nicht hin auf Eucharistie, sondern ist, ähnlich wie in 1 Kor 10,3f, ein anderes Wort für „Erkenntnis und Unsterblichkeit", also eine existenzielle Dimension, die Gott „uns aber" gegeben hat! So schließt dieser Teil mit einer Bitte um existenzielle Hilfe Gottes für seine „Versammlung", was später „Kirche" heißen wird. Und auch die „Zusammenführung in deine Königsherrschaft" ist eine Bitte um Vertiefung von „Erkenntnis und Leben" in der (kommenden, nächsten) Zeit, nicht nach dem Ende! Und dies ändert sich auch nicht in dem nächsten Vers, der nun folgt:

Did 10,6-7: [6]Es komme Gnade und es gehe vorbei (an uns vorüber/werde hintangesetzt) diese Welt. Ein Hoshi-ja na *(= hilf doch Herr)* dem Gott Davids! Wenn einer heilig ist, gehe er voran *(so weiter)*, wenn einer es nicht ist, kehre er um (metanoeítō). Maran athá (unser Herr ist gekommen/ist im Kommen).

[7]Den Propheten aber gestattet dankzusagen, soviel sie wollen.

Nicht: *diese Welt vergeht* (als ob ihr Ende nahe sei), sondern eine Aufforderung: So wie die Gnade bei uns Eintritt nehmen möge, *so möge die Welt* (an unserer Tür) ‚*vorbeigehen*', mögen wir sie nicht bei uns eintreten lassen! Mit ‚Welt' ist also hier nicht unser physischer Lebensraum und sein ‚Weltende' gemeint, sondern es ist eine Absage an alle Versuchung ausgesprochen, die von ‚der Welt' (der sündigen Begierlichkeit) ausgeht. Also enthält der Text keine eschatologischen Implikationen! Vielmehr sind diese abschließenden Ausrufe wie ein „Ite missa est – geht, es ist Sendung". So wird der Gläubige zunächst zu Unterscheidung aufgerufen und in seiner Entscheidung gestärkt. Es wird dazu Gottes Hilfe angerufen und dann eine letzte Ermutigung und Mahnung mitgegeben: Ermutigung für den, der auf dem rechten Weg ist: Er möge so weitergehen (erchésthō kann auch dies bedeuten). Nicht, wie man allgemein annimmt, ‚er möge hinzutreten', wobei man dann an die Eucharistie denkt; bisher ist ja nirgends ein Hinweis darauf enthalten; müsste dann nicht der zweite Teil heißen: „wer es nicht ist, bleibe fern"? Doch hier wird einem, der in diesem Gottesdienst erkannt hat, dass er auf einem falschen Weg ist oder war, die ‚Umkehr' gleichsam mit auf den Weg gegeben. Und auch V 7 passt viel eher zu einem offenen, freien Abschlussgebet als zu einer Eucharistiefeier mit einer festen Textvorgabe. Dieser Text gibt eher die Richtung an, in der sich das Gebet entfalten solle.
Allen aber wird die Zusicherung zugesprochen, dass der Herr da ist und mitgeht. Also nicht plötzlich, nun ganz am Ende, ein (erneutes?) Rufen um Sein Kommen! Eine *Bitte* an Gott war bereits in 10,5 ausgesprochen worden. Dass aber „Maran athá" eine Bitte um die eucharistische Gegenwart sei, kann man nun anhand der obigen Deutung von 10,6 nicht mehr vertreten. Auch in 1 Kor 16,22 ist „maran athá" vielmehr ein Ausruf, dass

Er existenziell in unserer Mitte ist – wie in 1 Kor 11,26 sein „Kommen" beim Gedächtnis an seinen Tod ebenfalls existenziell zu verstehen war. In allen drei Fällen geht es also um die geistlich wahrnehmbare Dimension seiner „Gegenwart", nicht um ein „Sakrament" als solches. – Davon aber spricht sehr wohl Did 14,1-3:

Did 14,1-3: [1]Entsprechend einem ‚Herrentag des Herrn' (katà kyriakēn dè kyríou) aber brecht, wenn ihr euch versammelt habt, Brot und sagt Dank (klásate árton kaì eucharistēsate), nachdem ihr zuvor eure Verfehlungen bekannt habt, damit rein sei euer Opfer. [2]Jeder aber, der den Streit mit seinem Gefährten hat, soll nicht mit euch zusammenkommen, bis sie sich versöhnt haben, damit nicht verunreinigt werde euer Opfer. [3]Dies nämlich ist der vom Herrn ergangene Ausspruch: ‚An jedem Ort mir darbringen ein reines Opfer; denn ein großer König bin ich, spricht der Herr. Und mein Name ist wunderbar unter den Völkern' (Mal 1,11.14b; vgl. 2 Makk 2,18).

Der Text ist ganz durch die Sprache der hebräischen Bibel geprägt. Wenn zuerst von „Brotbrechen" und erst dann von „Danksagen" die Rede ist, so heißt das nicht, dass das Brechen dem Dank vorausgeht (was unüblich wäre), sondern es scheint, dass der Ausdruck „Brot brechen" bereits ein Terminus für die Eucharistie geworden ist, der auch den Kelch mit umfasst. Dafür spricht auch der Hinweis auf den „Herrentag". „Opfer" aber ist hier nicht etwa ein Hinweis darauf, dass die Eucharistie als „Opfer" (Christi) verstanden wurde, sondern dies Wort steht für die existenzielle *Hingabe der Versammelten* an Gott, ganz so wie in den Psalmen. Es heißt ja: *„euer* Opfer!" Diese Hingabe wird empfindlich gestört, wenn man „in Streit" mit einem Bruder lebt. Ähnlich wie in 1 Kor 11 ist also eine sittliche Voraussetzung für den rechten Empfang der Eucharistie angesprochen, hier Sündenbekenntnis und Versöhnung. Im Übrigen wird vorausgesetzt, dass die Leser wissen, worum es sich „am Herrentag" handelt.

Die Parallele zu 1 Kor 10 und 11 ist auffallend. Nicht dass der Verfasser der Didache den ersten Korintherbrief vorliegen hatte, wohl aber, dass beide in einer gemeinsamen Tradition stehen, die offensichtlich allgemein gültig war. Wir aber erfahren auf diese Weise, dass es verschiedene Formen urchristlichen Gottesdienstes gab:

o   eine Segnung von Wein und Brot als Eingangsliturgie,
o   ein liturgisches Mahl („Agape"), an dessen Ende eine Danksagung steht,
o   ein eucharistisches Brotbrechen als eigene Feier am Herrentag (morgens),
o   ein Mahl verbunden mit der Eucharistie.

In 1 Kor 10 kommt nur der Eingangssegen zur Sprache.

In 1 Kor 11 sind Mahl und Eucharistie verbunden in *einer* Feier.

In Did 9-10 ist Eingangssegen verbunden mit Mahl und Danksagung.

In Did 14 ist nur von der Eucharistie die Rede.

Da das Mahl wohl stets an einem *Abend* stattfand, ist zu vermuten, dass gemäß der Didache das „Brotbrechen am Herrentag" bereits separat gefeiert wurde, und zwar wohl schon bald am Morgen. Aber der Text lässt auch die Deutung zu, dass dieses „Brotbrechen" in der Vigil angeschlossen wurde, da ja der Sabbat mit dem Sonnenuntergang zu Ende gegangen ist. Bei all diesen Arten von Versammlung ist die Zugehörigkeit bzw. die Taufe Voraussetzung, um teilnehmen zu können. Aber für die Zulassung zur Eucharistie sind dazu noch erhöhte ethische Ansprüche gestellt. Jedenfalls weiß die Urkirche, dass nur ein *„reines Opfer"* mit der Heiligkeit Gottes vereinbar ist.

Und was bedeutet das ökumenisch?

Der hohe Rang der Eucharistie, des Abendmahls, fordert zunächst Respekt und Ehrfurcht vor einer anderen Überzeugung in anderen Glaubensgemeinschaften, aber zugleich auch die Treue zu dem, was ein jeder als Wahrheit erkannt hat. So wird man die Eucharistie nicht zum Zankapfel der Konfessionen machen. Aber andererseits dürfen und sollten Unterschiede beim Namen genannt werden, z. B. dass Katholiken „den Leib des Herrn" aufbewahren und davor das Knie beugen, während in evangelischen Kirchen die restlichen Hostien wieder in die Sakristei gebracht werden. Das macht doch nachdenklich. – Alle sollten wir den Herrn bitten, dass er Wege zeigt, *zunächst* andere Formen für ein gemeinsames Fest des Glaubens zu finden und zu üben, etwa eine Segnungsliturgie oder ein Agape-Mahl. Und beharrlich sollten wir versuchen, den anderen zu verstehen, warum ihm dies oder jenes so wichtig ist – „bis der Herr kommt" und neues Licht schenkt.

ZUSAMMENFASSUNG ZU 1 KOR 10,14-22:

1. Die *Reihenfolge* spricht für christl. Lobpreis-/Eröffnungs-liturgie, *nicht* Eucharistie.
2. Becher u. Brot *symbolisieren* die versammelte Gemeinschaft (Pascha: Mazzot/Israel).
3. „Die Vielen ein Leib": Es geschieht *„Sammlung", von unten her, nicht* „Gabe" (Euch.).
4. Vergleich dieser Liturgie mit der *Altargemeinschaft* im Tempel; *nicht:* „mein Leib".
5. Ein *ungleiches* Paar: Götzenopfermahl – persönliche Hingabe Jesu (andere Ebenen).
6. Da die Götzen „nichts" sind (1 Kor 8,1-6), opfert man den *Dämonen* / dem Widersacher!
7. So fliehet den Götzendienst, weil ihr dann *„Gefährten in Dämonenverehrung"* seid.
8. Teilnahme am Herrentisch und am Dämonentisch *setzt jeweils Zugehörigkeit voraus!*
9. *Nicht beides gleichzeitig!* Man muss zur Blutsgemeinschaft / zum Leib Christi gehören!
10. Solche Eröffnungsliturgie war *regelmäßiger* Bestandteil der „Versammlung".

ZU 1 KOR 11,17-34:

11. Es wird *klar unterschieden*; „Mahlzeit" (= „beim Essen") – „Speise des Herrn".
12. *3 Elemente:* 1. Eröffnungssegen/Wort – 2. Gemeinschaftsmahl – 3. Herrenspeise.
13. Alle drei *aufeinander bezogen*, das dritte ist eingebettet in 1 und 2 (11,25).
14. Prinzip: Wer *lieblos beim (Liebes-)Mahl* ist, ist *nicht würdig* der Herrenspeise.
15. Grundlage ist das *jüdische Gemeinschaftsmahl*; Gefahr der Vermischung mit „Eranos".
16. Der Fehler: nicht dass man früher anfängt, sondern im Verlauf *Eigenes hervorholt.*
17. Daraus entstehen *„Absonderungen/Cliquen"* (*nicht* „Spaltungen unter allen").
18. Immer ist die *Reihenfolge Brot – Wein* eingehalten: (11,20. 23-28); *anders* 10,16.21.
19. *„Verkündigung des Todes"*: Vermächtnis Jesu vor dem Tod; *nicht* Vergegenwärtigung.
20. Also Gedächtnis an seine *Liebe bis zum Tod*, dem jede Lieblosigkeit widerspricht.
21. „Bis er kommt": nicht Wiederkunft, sondern *geistliche Gegenwart* in der Versammlung.
22. Da vergegenwärtigt sich *der Auferstandene*; Eucharistie: „Tod und Auferstehung".
23. Wortspiel: „Esser und Trinker" (Mahl) „isst und trinkt" (Herrenspeise) *Züchtigung.*
24. Termini: Herrenspeise – *(„sein")* Leib und Blut (Kelch) *des Herrn*; *nicht* Leib Christi!
25. Weil er „den Leib missachtet" = die Gemeinde als „Leib Christi" (Wortspiel 27/29).
26. *Züchtigung:* nicht Krankheit u. Tod, sondern *geistliche Schwäche*, „tote Gemeinde".
27. Das ist *jetzt* ein Erziehungsmittel Gottes, *nicht* mit „Todesstrafe" („unwürdig"?)!
28. Zulassung zu Leib/Blut des Herrn (Euch.) gemessen an der ekklesiologischen Praxis.
29. Beim Mahl *aufeinander zugehen* (V 33), nicht „warten" oder einander „bewirten".
30. Dahinter steht: Nur in Liebe zum „Leib Christi" den „Leib des Herrn" empfangen!

ZU DIDACHE 9,1-10,5 UND 14,1-3:

(Die beiden Teile sind analog zu 1 Kor 10 und 11 aufgebaut:)

31. 9,1-3: *Reihenfolge:* Becher-Brot; Dank für Weinstock Davids / Erkenntnis *durch* Jesus.
32. 9,4: *Symbole* für das Volk / die Versammlung (von unten her), *nicht* Leib des Herrn.
33. 9,5: Zulassung: *nur Getaufte*; man muss „dazugehören". – Segensliturgie!
34. 10,1-4: Danksagung *für Speise* / geistliche Speise *durch* den Knecht Jesus.
35. ‚eucharistía' = *das Danksagen* (Aktion); *„so* sollt ihr *Dank sagen", nicht* Eucharistie.
36. 10,5f Zusammenführung / Weg in den Alltag (ite missa est), *nicht „Wiederkunft"!*
37. (11-13: Propheten) Doch 14,1-3: Am Herrentag *„Brotbrechen"* / Herrenmahl (thysía).
38. Voraussetzung: *Bekenntnis* der Verfehlungen *und Versöhnung* (1 Kor 11,20.27-30).

Gunther Wenz

AUF DEM WEG ZU EINER GEMEINSAMEN ERKLÄRUNG ZUR ABENDMAHLSLEHRE

Knapp zwei Wochen vor Beginn des 2. Ökumenischen Kirchentages in München meldete die Frankfurter Allgemeine Zeitung in ihrer Ausgabe vom 30. April 2010 (Nr. 100, S. 2), die lutherische Kirche strebe eine Gemeinsame Erklärung mit der römisch-katholischen Kirche über das Abendmahl an.[1] Das Dokument solle darlegen, so wurde der Catholica-Beauftragte der Vereinigten Evangelisch-Lutherischen Kirche in Deutschland, Bischof Weber, zitiert, dass in den drei das Abendmahl zentral betreffenden Kontroversfragen des 16. Jahrhunderts, nämlich Laienkelch, Transsubstantiationslehre und Opfercharakter der Messe mittlerweile ein „differenzierter Konsens" erreicht sei. Der Landesbischof der Evangelisch-Lutherischen Landeskirche in Braunschweig, der neben seinem Amt als Catholica-Beauftragter der VELKD zugleich Vorsitzender der Arbeits-

---

[1] Die vom Evangelischen Sonntagsblatt und der Münchner Kirchenzeitung gemeinsam herausgegebene Zeitung beim 2. Ökumenischen Kirchentag „Ökumene weißblau" vom 15. Mai 2010 berichtete unter der Überschrift „Hoffnung auf Tischgemeinschaft", dass eine Gemeinsame Erklärung zu Abendmahl und Eucharistie möglicherweise bereits 2011, also im kommenden Jahr, zustande kommen könne. „Vielleicht", so war zu lesen (S. 15), „liegt die Abendmahlsgemeinschaft doch näher, als viele selbst auf dem Ökumenischen Kirchentag zu hoffen wagen: Die Direktorin des Ökumenischen Instituts in Münster, Dorothea Sattler, kündigte in einer gut gefüllten Messehalle für das kommende Jahr eine Gemeinsame Erklärung zu Abendmahl und Eucharistie an. Ein ökumenischer Kreis von Theologen sei bereits dabei, dieses der Gemeinsamen Erklärung zur Rechtfertigungslehre vergleichbare Dokument vorzubereiten."

gemeinschaft Christlicher Kirchen in Deutschland ist, habe in diesem Zusammenhang die Hoffnung geäußert, dass durch eine Gemeinsame Erklärung zur Abendmahlslehre auch in der kirchlichen Praxis Fortschritte zu erzielen seien. In dem Gespräch zwischen beiden Kirchen solle auch die Bedeutung der Amtsträger in der eucharistischen Feier erörtert werden; womöglich seien die tiefgreifenden Differenzen in der Amtsfrage kein unüberwindbares Hindernis dafür, in der Abendmahlspraxis zu mehr Gemeinsamkeit zu gelangen.

Der (damalige) Regensburger Bischof Gerhard Ludwig Müller, Vorsitzender der Ökumene-Kommission der katholischen Deutschen Bischofskonferenz[2], der bei dem Frankfurter Pressegespräch neben Weber zugegen war, sagte gemäß FAZ, er sei einer Debatte nicht abgeneigt, ließ aber, so das Blatt, nicht erkennen, ob über den vorgeschlagenen Weg auch praktische Fortschritte erreicht werden könnten. Die Zurückhaltung des katholischen Ökumenebischofs in der Praxisfrage ist einerseits nicht überraschend, gibt aber andererseits Anlass zu der Frage, zu welchen gewünschten Ergebnissen die abendmahlstheologische Debatte führen soll. Ein erstes, in Anbetracht bisher geleisteter interkonfessioneller Verständigungsarbeit erreichbares Ergebnis könnte in einer förmlichen Gemeinsamen Erklärung zur Abendmahlslehre zwischen römischem Katholizismus und Luthertum unter Einschluss unierter und reformierter sowie anderer Reformationskirchen bestehen. Eine mögliche Beteiligung orthodoxer Kirchen sollte ernsthaft erwogen werden. Ein solches Dokument wäre an sich selbst ein ökumenischer Fortschritt, weil es für die kirchliche und zivile Öffentlichkeit erkennbar werden ließe, dass die abendmahlstheologischen Kontroversen

---

[2] Seit Juli 2012 zum Erzbischof und Präfekten der Kongregation für die Glaubenslehre, am 12. 1. 2014 Ankündigung der Erhebung zum Kardinal (vollzogen am 22. 2. 2014) – www. sueddeutsche.de/panorama/katholische-kirche-papst-ernennt-bischof-mueller-zum-kardinal-1.1860997 (Zugriff 13. 1. 2014)

der Reformationszeit den aktuellen Lehrstand der Partnerkirchen nicht mehr treffen und so in der Gegenwart keine kirchentrennende Bedeutung mehr haben. Doch kann es bei diesem Ergebnis allein nicht sein Bewenden haben, weil ein Ausbleiben von konkreten Folgen in der Abendmahlspraxis der Kirchen die in der Öffentlichkeit ohnehin bestehende Reserve gegen Papiere einer vermeintlich sich im bloß Theoretischen erschöpfenden sog. Expertenökumene verstärken würde.[3]

Das Streben nach einer GEA muss von vornherein mit der Intention verbunden sein, praktische Fortschritte zu erreichen. Dass es sich dabei aller Voraussicht nach nur um Teilfortschritte handeln kann, sollte keinen Anlass zur Resignation bieten; im Gegenteil, je nüchterner man die bestehende Situation einschätzt, desto konsequenter kann verständigungsorientiert auf einen erkennbaren Erfolg hingearbeitet werden. Der Protest und Widerstand gegen die GER, wie er sich hierzulande nicht nur, aber auch und gerade unter evangelischen Theologieprofessorinnen und -professoren formiert hatte, erklärt sich nach meinem Urteil nicht zum geringsten Teil daraus, dass es manchen damaligen Protagonisten an der gebotenen Nüchternheit in der Folgenabschätzung mangelte. Wie auch immer: Eine GEA muss mit erkennbaren Teilfortschritten in der ökumenischen Abendmahlspraxis verbunden sein, wenn sie produktiv und nicht kontraproduktiv wirken soll.

---

[3] Vgl. dazu meine Stellungnahme zu Fragen von Bernd Buchner in evangelisch.de. Der Link zum Interview findet sich in: http://www.redaktion.evangelisch.de/themen/religion/gemei nsam-oder-nicht-streitfall-abendmahl17511. In ihrer Beilage zum Ökumenischen Kirchentag in München berichtete die Süddeutsche Zeitung vom 15./16. Mai 2010 (SZ Nr.110, 47: M. Maier-Albang: „Das kümmert uns einen Schmarrn") von der Zusage des Vorsitzenden der Deutschen Bischofskonferenz, Bischof Robert Zollitsch, ans Publikum, in der Frage einer gemeinsamen Eucharistieteilnahme von Ehepaaren, in denen ein Partner katholisch, der andere evangelisch ist, in Rom „weiterbohren" zu wollen.

Um praktische Teilfortschritte ins Auge zu fassen, er-
messen und schließlich auch erzielen zu können, bedarf es als Erstes der Kenntnis des offiziellen Status
quo, wie er in der Frage ökumenischer Abendmahlspraxis zwischen römisch-katholischer Kirche einerseits
und evangelischen Kirchen andererseits besteht. Hierzu, nämlich zur Frage einer Teilnahme evangelischer
und katholischer Christen an Abendmahlsfeiern der
anderen Konfession, will vorliegender Text, dessen Inhalt bereits die Podiumsreihe „Ökumene kontrovers"
beim 1. Ökumenischen Kirchentag im Frühjahr 2003 in
Berlin beschäftigte, einen Beitrag leisten. Dabei wird
schnell ersichtlich werden, wie eng die Fragen von
Abendmahl und Abendmahlsgemeinschaft mit amtstheologischen Problemen verbunden sind. Abendmahlstheologie und Amtstheologie sind nicht voneinander zu
trennen; sie sind aber gleichwohl voneinander zu unterscheiden – wie denn auch Kirchengemeinschaft und
Abendmahlsgemeinschaft in einem zwar untrennbaren,
aber dennoch differenzierten Zusammenhang stehen,
der Unterscheidungen nicht nur möglich, sondern auch
nötig macht. Würde dies prinzipiell in Abrede gestellt,
dann müsste der Plan einer GEA bereits vor seiner
Durchführung als gescheitert gelten.
Im Folgenden wird es um die kurze und möglichst präzise Beantwortung folgender vier Fragen zu tun sein:
1. Dürfen nach römisch-katholischer Lehre katholische
Christen an einer evangelischen Abendmahlsfeier teilnehmen? 2. Dürfen nach römisch-katholischer Lehre
evangelische Christen an einer katholischen Abendmahlsfeier teilnehmen? 3. Wie beurteilt die evangelische Kirche die Teilnahme eines katholischen Christen
an einer evangelischen Abendmahlsfeier? 4. Wie beurteilt die evangelische Kirche die Teilnahme eines evangelischen Christen an einer katholischen Abendmahlsfeier?[4] Die Beantwortung dieser Fragen und ihre jewei-

---

[4] Vgl. dazu insgesamt den noch immer instruktiven Text: Gegenseitige Zulassung zum Herrenmahl. Erarbeitet von der

lige Begründung erfolgt nach Maßgabe offizieller Lehre beider Kirchen. Zwar ist die Meinung einzelner Theologen bemerkenswert und wichtig, sofern sie künftigen ökumenischen Verständigungsfortschritten dient; sie darf aber, so progressiv und sympathisch sie sich selbst und anderen erscheinen mag, nicht darüber hinwegtäuschen, dass unser gegenwärtiges Problem in der offiziellen Kirchenlehre begründet liegt, die zumindest im römisch-katholischen Falle mit dem Anspruch repräsentativer und lehramtlicher Rechtsverbindlichkeit versehen ist.

1. Dürfen nach römisch-katholischer Lehre katholische Christen an einer evangelischen Abendmahlsfeier teilnehmen? Die offizielle Antwort lautet eindeutig: Nein! In dem sog. „Direktorium zur Ausführung der Prinzipien und Normen über den Ökumenismus" des Päpstlichen Rates zur Förderung der Einheit der Christen von 1993 wird in Auslegung einschlägiger Texte des II. Vatikanischen Konzils[5] verbindlich beschieden, dass ein Katho-

---

Gemeinsamen römisch-katholischen/evangelisch-lutherischen Kommission (1983), jetzt in: J. Brosseder / H.-G. Link (Hg.), Eucharistische Gastfreundschaft. Ein Plädoyer evangelischer und katholischer Theologen, Neukirchen 2002, 173-183; ferner: E. Pulsfort / R. Hanusch (Hg.), Von der Gemeinsamen Erklärung zum Gemeinsamen Herrenmahl? Perspektiven der Ökumene im 21. Jahrhundert, Regensburg 2002.

[5] Zu vergleichen ist insbesondere Unitatis Redintegratio 22, wo es heißt: „Obgleich bei den von uns getrennten Kirchlichen Gemeinschaften die aus der Taufe hervorgehende volle Einheit mit uns fehlt und obgleich sie nach unserem Glauben vor allem wegen des Fehlens des Weihesakramentes die ursprüngliche und vollständige Wirklichkeit (substantia) des eucharistischen Mysteriums nicht bewahrt haben, bekennen sie doch bei der Gedächtnisfeier des Todes und der Auferstehung des Herrn im Heiligen Abendmahl, dass hier die lebendige Gemeinschaft mit Christus bezeichnet werde, und sie erwarten seine glorreiche Wiederkunft. Deshalb sind die Lehre vom Abendmahl des Herrn, von den übrigen Sakramenten, von der

lik selbst im Ausnahmefall bestehender Todesgefahr den Empfang des eucharistischen Mahles nur vom Spender einer Kirche erbitten darf, in dessen Kirche die Eucharistie gültig gespendet wird oder von dem feststeht, dass er gemäß katholischer Ordinationslehre gültig geweiht ist (vgl. Nr. 132)[6]. Eine vollgültige Weihe ist aber nach Auffassung des katholischen Lehramts bei Pfarrerinnen und Pfarrern der evangelischen Kirche nicht gegeben; vielmehr wird ihnen insbesondere wegen nichtvorhandener apostolischer Amtssukzession[7], wel-

---

Liturgie und von den Dienstämtern der Kirche notwendig Gegenstand des Dialogs."

[6] Sachentsprechend hatte bereits das Ökumenische Direktorium von 1967 befunden, dass ein Katholik auch in dringenden Notfällen das Altarsakrament nur von einem Amtsträger empfangen dürfe, „qui Ordinis Sacramentum valide suscepit" (Nr. 55).

[7] Auch in der Enzyklika „Ecclesia de Eucharistia" Johannes Pauls II. wird unmissverständlich deutlich gemacht, dass es derzeit (vgl. Nr. 30) vor allem wegen des Fehlens der apostolischen Sukzession im bischöflichen Amt keine Anerkennung der Ämter in den reformatorischen Kirchen und daher auch keine Formen der Interkommunion geben könne (vgl. Nr. 27-30 sowie 25f). Was die Entfaltung der katholischen Lehre von der apostolischen Amtssukzession betrifft, so hält sich der theologische Argumentationsaufwand in engen Grenzen. Konstatiert wird u.a. Folgendes: „Das Zurückgehen auf die Apostel in der pastoralen Sendung schließt notwendigerweise das Weihesakrament, d. h. die ununterbrochene, auf die Anfänge zurückgehende Reihe gültiger Bischofsweihen, ein. Diese Sukzession ist wesentlich, weil auf ihr die Kirche im eigentlichen und vollen Sinne gründet" (Nr. 28). Die Gemeinde ist „nicht in der Lage, sich selbst den geweihten Amtsträger zu geben. Dieser ist eine Gabe, die sie *durch die auf die Apostel zurückgehende Sukzession der Bischöfe empfängt.* Es ist der Bischof, der mittels des Weihesakramentes einen neuen Priester einsetzt und ihm die Vollmacht überträgt, die Eucharistie zu konsekrieren" (Nr. 29). Ob nach katholischem Urteil neben den amtstheologischen Differenzen auch sakramentstheologische Fragen im engeren Sinne kirchentrennende Bedeutung haben, ist in ei-

che allein die Handauflegung kanonisch befugter Bischöfe vermittle, ein „defectus ordinis", ein Fehlen der Ordination oder ein Ordinationsmangel attestiert, der zur Folge habe, dass die Vollgestalt des eucharistischen Mysteriums in der evangelischen Kirche nicht erhalten sei. Daraus ergibt sich der Schluss, dass katholischen Christen die Teilnahme an einer evangelischen Abendmahlsfeier grundsätzlich nicht erlaubt ist. Ansätze einer Rücksichtnahme auf den individuellen Gewissensentscheid in Einzelfällen gibt es nur gelegentlich zu verzeichnen, etwa im Zusammenhang der zu ökumenischer Berühmtheit gelangten Würzburger Synode der Bistümer in der damaligen Bundesrepublik Deutschland. [8] Die Enzyklika von Papst Johannes Paul II. „Ecclesia de Eucharistia" hat aber erneut die geltenden Bestimmungen des kirchlichen Rechtsbuches und des

---

ner künftigen GEA sorgsam zu prüfen. Überraschenderweise endet die Stellungnahme der Deutschen Bischofskonferenz zur Studie „Communio Sanctorum" vom 11. 3. 2003 mit der unerwarteten Frage, „wie der kirchentrennende Charakter der Lehrunterschiede im Verständnis und in der Zahl der Sakramente überwunden werden kann" (Abschn. 8).

[8] Gemeinsame Synode der Bistümer in der Bundesrepublik Deutschland. 1. Beschlüsse der Vollversammlung, L. Bertsch (Hg), Freiburg u. a. 1976, [6]1985, bes. 215f (5.5). Obwohl die Synode, wie gesagt wird, zum gegenwärtigen Zeitpunkt die Teilnahme eines katholischen Christen am evangelischen Abendmahl nicht gutheißen könne, lasse sich nicht ausschließen, „dass ein katholischer Christ – seinem persönlichen Gewissensspruch folgend – in seiner besonderen Lage Gründe zu erkennen glaubt, die ihm seine Teilnahme am evangelischen Abendmahl innerlich notwendig erscheinen lassen. Dabei sollte er bedenken, dass eine solche Teilnahme dem inneren Zusammenhang von Eucharistie und Kirchengemeinschaft, besonders im Hinblick auf das Amtsverständnis, nicht entspricht. Bei der Entscheidung, vor die er sich gestellt sieht, darf er weder das Beheimatetsein in der eigenen Kirche gefährden, noch darf seine Entscheidung der Verleugnung des eigenen Glaubens und der eigenen Kirche gleichkommen oder anderen eine solche Deutung nahe legen" (216).

ökumenischen Direktoriums eingeschärft (vgl. Nr. 43-46) und klargestellt, dass „ein katholischer Gläubiger die heilige Kommunion in einer Gemeinschaft, in der das gültige Weihesakrament nicht vorhanden ist, nicht empfangen (kann)" (Nr. 46; vgl. Nr. 30).

2. Dürfen nach römisch-katholischer Lehre evangelische Christen an einer katholischen Abendmahlsfeier teilnehmen? Auch hier ist die lehramtliche und kirchenrechtliche Antwort im Grundsatz klar und eindeutig; doch sind beachtliche Ausnahmen von der Grundregel vorgesehen. Im Prinzip gilt nach Maßgabe des Direktoriums von 1993, dass „die katholische Kirche im allgemeinen den Zutritt zur eucharistischen Gemeinschaft ... einzig jenen Gläubigen (gewährt), die mit ihr in der Einheit des Glaubens, des Gottesdienstes und des kirchlichen Lebens" (Nr. 129), d. h. in voller Kirchengemeinschaft, stehen. Gemeint sind damit Gläubige, die Mitglieder der römisch-katholischen Kirche oder einer mit dieser in voller Gemeinschaft verbundenen Kirche sind. Die evangelische Kirche zählt nicht zu diesen Kirchen; ja es ist im Gegenteil so, dass ihr von offizieller römisch-katholischer Seite der Status einer Kirche im eigentlichen bzw. vollen Sinne explizit abgesprochen worden ist.

Dennoch kann, wie die Enzyklika „Ecclesia de Eucharistia" bestätigt (Nr. 45f), im Ausnahmefall etwa der Todesgefahr und unter bestimmten anderen besonderen Umständen einzelnen evangelischen Christen der Zutritt zum Altarsakrament gewährt oder sogar empfohlen werden. Nähere Bestimmungen werden den Diözesanbischöfen und Bischofskonferenzen überlassen. Wie immer eine physische oder geistliche Notlage beschaffen sein mag[9], die eine offizielle Zulassung eines evan-

---

[9] Vgl. hierzu etwa den Beitrag des ehemaligen Vorsitzenden der Deutschen Bischofskonferenz Karl Kardinal Lehmann, Einheit der Kirche und Gemeinschaft im Herrenmahl. Zur neueren ökumenischen Diskussion um Eucharistie- und Kir-

gelischen Christen zu einer katholischen Abendmahlsfeier ermöglicht, zu beachten sind unbedingt und unter
allen Umständen folgende vier lehramtliche Regeln[10]:

chengemeinschaft, in: Th. Söding (Hg.), Eucharistie. Positionen katholischer Theologie, Regensburg 2002, 141-177, hier:
159ff, oder H.-G. Link, Kanzel- und Abendmahlsgemeinschaft
in Vereinbarungen und Erklärungen zwischen verschiedenen
Kirchen. Eine Bestandsaufnahme, in: J. Brosseder / H.-G.
Link (Hg.), Eucharistische Gastfreundschaft. Ein Plädoyer
evangelischer und katholischer Theologen, Neukirchen 2002,
111-130, bes. 123.
[10] Vgl. Direktorium 1993, Nr. 130 und 131: „130. Wenn Todesgefahr besteht, können katholische Spender diese Sakramente (vgl. Nr. 129; G. W.) unter den Bedingungen, die unten
(Nr. 131) aufgezählt werden, spenden. In anderen Fällen wird
streng empfohlen, dass der Diözesanbischof allgemeine Normen aufstellt, die dienlich sind, um zu beurteilen, welche Situationen als ernste und dringende Notwendigkeiten zu be-
werten und ob die unten (Nr. 131) genannten Bedingungen als
gegeben anzusehen sind. Dabei hat er den Normen, die dies-
bezüglich von der Bischofskonferenz oder von den Synoden
der katholischen Ortskirche festgelegt wurden, Rechnung zu
tragen. Entsprechend dem kanonischen Recht dürfen diese
allgemeinen Normen nur nach Beratung mit der zuständigen –
wenigstens lokalen – Autorität der betreffenden nichtkatholischen Kirche oder kirchlichen Gemeinschaft erlassen werden.
Die katholischen Spender werden beurteilen, ob es sich um
besondere Fälle handelt, und werden dieses Sakrament nur in
Übereinstimmung mit diesen Normen, falls es solche gibt,
spenden. Falls es diese nicht gibt, werden sie nach den Normen dieses Direktoriums urteilen. 131. Die Bedingungen, unter denen ein katholischer Spender die Sakramente der Eucharistie, der Buße und der Krankensalbung einem Getauften, der sich in der oben erwähnten Situation befindet (Nr.
130), spenden kann, sind folgende: Diesem Gläubigen ist es
nicht möglich, einen Spender der eigenen Kirche oder kirchlichen Gemeinschaft aufzusuchen, er erbittet von sich aus diese Sakramente, er bekundet den katholischen Glauben bezüglich dieser Sakramente und ist in rechter Weise vorbereitet."
Vgl. ferner Direktorium 1967, Nr. 55: „Die Feier der Sakramente ist eine heilige Handlung der feiernden Gemeinschaft,

Der evangelische Christ muss *erstens* gehindert sein, einen Spender der eigenen Gemeinschaft aufzusuchen, *zweitens* von sich aus den Sakramentsempfang erbitten, *drittens* den katholischen Glauben bezüglich des Abendmahls bekennen und *viertens* in rechter Weise disponiert, also vorbereitet sein. [11] Ob eine (kirchen-)rechtsgültige Ehe, welche die beiden Partner nach römisch-katholischer Lehre auch dann sakramental verbindet, wenn sie verschiedenen Konfessionen angehören, den gemeinsamen Gang zum Abendmahl und damit eine Ausnahmeregelung für den nichtkatholischen, etwa evangelischen Teil rechtfertigt, wird innerhalb katholischer Theologie kontrovers diskutiert.

---

die in der Gemeinschaft selbst vollzogen wird und deren Einheit im Glauben, Gottesdienst und Leben zum Ausdruck bringt. Wo diese Einheit des Glaubens bezüglich der Sakramente fehlt, soll die Mitfeier der getrennten Brüder mit den Katholiken, besonders bei den Sakramenten des Altars, der Buße und der Krankensalbung, untersagt sein. Weil aber die Sakramente sowohl Zeichen der Einheit wie auch Quellen der Gnade sind (vgl. Über den Ökumenismus 8), kann die Kirche wegen ausreichender Gründe den Zutritt zu diesen Sakramenten einem getrennten Bruder gestatten. Dieser Zutritt kann erlaubt sein bei Todesgefahr oder in schwerer Not (Verfolgung, Gefängnis), wenn der getrennte Bruder einen Amtsträger seiner Gemeinschaft nicht aufsuchen kann und aus eigenem Antrieb vom katholischen Priester die Sakramente verlangt, sofern er nur im Hinblick auf diese Sakramente seinen Glauben im Einklang mit dem Glauben der Kirche zum Ausdruck bringt und in der rechten inneren Verfassung ist. In anderen dringenden Notfällen soll der Ortsoberhirte oder die Bischofskonferenz entscheiden."

[11] Zu letzterem Gesichtspunkt wird in der Enzyklika über die Eucharistie und ihren Bezug zur Kirche eigens bemerkt, dass die Ablehnung einer oder mehrerer sakramentaler Glaubenswahrheiten und die Leugnung jener Wahrheit, welche das zur Gültigkeit der Sakramentsspendung unabdingbare Erfordernis des Weihepriestertums betrifft, den Bittsteller für den Empfang indisponiert macht (vgl. Nr. 46).

Wie dem auch sei: Die offizielle römisch-katholische Lehre folgt durchweg der Grundsatzregel, dass die Zulassung eines evangelischen Christen oder einer evangelischen Christin zu einer katholischen Abendmahlsfeier in jedem Einzelfall streng zu prüfen und zu begründen sei, wohingegen ihre Nichtzulassung aus Motiven, die generelle Geltung beanspruchen, keiner besonderen Begründung bedürfe. Die evangelische Praxis unterscheidet sich von diesem Verfahren aus bedachten Lehrgründen wesentlich dadurch, dass sie die Nichtzulassung eines getauften Christen zum Abendmahl in jedem Einzelfall für begründungspflichtig hält.[12]

---

[12] Es gilt die Grundsatzregel, welche die drei Ökumene-Institute in Tübingen, Bensheim und Straßburg in ihrer gemeinsamen Studie „Abendmahlsgemeinschaft ist möglich – Thesen zur eucharistischen Gastfreundschaft" vorangestellt haben: „Nicht die Zulassung getaufter Christen zum gemeinsamen Abendmahl, sondern deren Verweigerung ist begründungspflichtig" (These 1). Betont wird fernerhin, dass Kirchengemeinschaft und Abendmahlsgemeinschaft nicht getrennt werden dürfen (These 7), dass aber Abendmahlsgemeinschaft weiter reicht als Kirchengemeinschaft (These 6). In diesem Zusammenhang darf an eine Aussage im sog. Malta-Dokument von 1971 erinnert werden: „Schon jetzt ist zu befürworten, dass die kirchlichen Autoritäten aufgrund der schon vorhandenen Gemeinsamkeiten in Glauben und Sakrament und als Zeichen und Antizipation der verheißenen und erhofften Einheit gelegentliche Akte der Interkommunion (etwa bei ökumenischen Anlässen in der Mischehenseelsorge) ermöglichen. Die Unklarheit hinsichtlich einer gemeinsamen Lehre vom Amt bildet noch eine Schwierigkeit für wechselseitige Interkommunionsvereinbarungen. Jedoch darf die Verwirklichung eucharistischer Gemeinschaft nicht ausschließlich von der vollen Anerkennung des kirchlichen Amtes abhängig gemacht werden" (Nr. 73, in: Dokumente wachsender Übereinstimmung. Sämtliche Berichte und Konsenstexte interkonfessioneller Gespräche auf Weltebene, H. Meyer u. a. [Hg], Band I, Paderborn-Frankfurt a. M. 1983, 268).

Um nicht missverstanden zu werden: Auch evangelische Lehre sieht den Fall der Nichtzulassung zum Abendmahl vor. Sie teilt zum einen die Auffassung, „dass ein Mensch zunächst durch die Taufe in die Gemeinschaft mit Christus und den Mitchristen hineingenommen ist und erst dann die spezifische Gestalt dieser Gemeinschaft im Abendmahl erfährt": „Eine grundsätzliche Öffnung des Abendmahls für Ungetaufte und eine undifferenzierte Einladung an alle entspricht jedenfalls nicht dem evangelischen Abendmahlsverständnis."[13] Auch sind zum anderen Einzelfälle theologisch denk- und kirchenrechtlich benennbar, in denen ein Getaufter vom Abendmahl auszuschließen ist, weil er durch Wort und Tat dem Grundsinn des Altarsakraments bewusst und willentlich widerspricht. Zum dritten soll und darf, um nur noch diesen zentralen Gesichtspunkt anzusprechen, auch nach evangelischer Lehre der Zusammenhang von Abendmahls- und Kirchengemeinschaft keineswegs aufgelöst werden. Dieser Zusammenhang ist untrennbar, aber differenzierungsbedürftig und auch differenzierungsfähig. Um es auf den Punkt zu bringen: Mitglied der katholischen Kirche zu sein ist nach evangelischer Lehre kein genereller und hinreichender Grund, von der evangelischen Abendmahlsfeier ausgeschlossen zu sein.

3. Wie beurteilt die evangelische Kirche die Teilnahme eines katholischen Christen an einer evangelischen

---

[13] Das Abendmahl. Eine Orientierungshilfe zu Verständnis und Praxis des Abendmahls in der evangelischen Kirche. Vorgelegt vom Rat der Evangelischen Kirche in Deutschland, Gütersloh 2003, 55f (3.10). Im Zweifelsfall sollte ausdrücklich darauf hingewiesen werden, dass die Einladung zum Abendmahl für getaufte Christen gilt: „Wenn ein Nichtgetaufter oder eine Nichtgetaufte am Abendmahl teilnehmen wollen, sollte ein solcher Wunsch zum Anlass genommen werden, mit solchen Personen ein Gespräch darüber zu führen, ob ihr Wunsch im Sinne eines Taufbegehrens zu verstehen sei" (55).

Abendmahlsfeier? Weil Christus selbst es ist, der zu seinem Mahl einlädt, darf nach evangelischer Lehre ein getaufter Christ nicht allein deshalb vom Abendmahl ausgeschlossen werden, weil er keiner evangelischen Denomination angehört. Zwar kann nach evangelischer Lehre weder der Zusammenhang zwischen Abendmahlsgemeinschaft und Kirchengemeinschaft noch der zwischen Kirchengemeinschaft und Bekenntnisgemeinschaft aufgelöst werden. Der berechtigte Wunsch nach gemeinsamem Abendmahl darf auch nach evangelischer Auffassung nicht dazu führen, das Bekenntnis und die zwischen den Kirchen bestehenden konfessionellen Unterschiede in Lehre, Ordnung und Frömmigkeit zu marginalisieren. Dennoch ist die una sancta catholica et apostolica ecclesia, die eine, heilige, allgemeine und apostolische Kirche, zu der sich der Glaube bekennt, umfassender als die Konfessionskirchen und reicht über deren Grenzen hinaus, um die getauften Gläubigen aller Orte und aller Zeiten zu umfassen. Zwischen dem Geltungsbereich der Einladung Christi und der Zugehörigkeit zu einem denominationellen Konfessionskirchentum ist daher ein Unterschied zu machen. Deshalb darf nach evangelischer Auffassung getauften Christen, die keiner evangelischen Konfessionskirche angehören, nicht allein aus diesem Grund der Empfang des Abendmahls im evangelischen Gottesdienst verwehrt werden, auch wenn die Abendmahlsfeier in der eigenen Konfessionskirche die Regel ist und bis auf weiteres auch bleibt. Es entspricht vielmehr evangelischem Abendmahls- und Kirchenverständnis, „dass der Zugang zum Tisch des Herrn im Grundsatz jedem getauften Christen offensteht, der im Vertrauen auf Christi verheißendes Wort hinzutritt, wie es in den Worten seiner Stiftung laut wird. Ihm schenkt sich der Herr selbst durch sein Wort in, mit und unter Brot und Wein."[14]

---

[14] Pastoraltheologische Handreichung zur Frage einer Teilnahme evangelisch-lutherischer und römisch-katholischer Christen an Eucharistie- bzw. Abendmahlsfeiern der anderen

Konfession vom 20. Oktober 1975 (Texte aus der VELKD 15/1981), Abschn. IV. Der Zusammenhang von Abendmahls-, Kirchen- und Bekenntnisgemeinschaft soll damit nicht aufgelöst, sondern differenziert wahrgenommen werden, ohne dabei in praxi „den Unterschied zwischen Regel und Ausnahme (zu) verwischen" (Abschn. I; im Text eigens hervorgehoben). Sachlich grundlegend sind die Ausführungen in Abschnitt II: „Unser Herr Jesus Christus ruft nicht nur einzelne Gläubige oder gleichgesinnte Gruppen an seinen Tisch, sondern hat das Abendmahl für seine ganze Kirche gestiftet. Deshalb stehen Abendmahlsgemeinschaft und kirchliche Gemeinschaft miteinander in Beziehung. Für viele unserer Väter war es selbstverständlich, dass Kirchengemeinschaft nur als Bekenntnisgemeinschaft möglich ist. Wir sind der Auffassung, dass diese Aussage nicht zureicht. Jedoch ist gerade die Feier des Abendmahls nicht die Gelegenheit, sich über die zwischen Kirchen bestehenden Unterschiede in Lehre, Ordnung und Frömmigkeit hinwegzusetzen. Dabei geht es nicht nur um eine Frage der konfessionellen Loyalität. Im Gottesdienst, insbesondere beim Abendmahl, entfaltet jede christliche Gemeinschaft ihr Verständnis des Evangeliums, der Stiftung Christi, des geistlichen Amtes. Teilnahme am Gottesdienst, vor allem am Abendmahlsempfang, ist deshalb immer auch ein Sicheinfügen in die jeweils konkrete feiernde Gemeinde und ein Ja zu dem, was sie glaubt, tut und betet. Zwischen der evangelisch-lutherischen und der römisch-katholischen Kirche ist dies wechselseitig bis jetzt erst teilweise möglich. Deshalb lehnen wir es ebenso wie die römisch-katholische Kirche ab, Abendmahlsgemeinschaft als Demonstration zur Überwindung der Konfessionsgrenzen zu praktizieren. Nur im Zusammenhang einer Klärung der zwischen uns strittigen Fragen der Glaubenslehre kann echte Sakramentsgemeinschaft wachsen. Dennoch ist die ‚heilige christliche Kirche' unseres gemeinsamen Glaubensbekenntnisses, der letztlich auch die Abendmahlsgemeinschaft zugehört, umfassender als die Grenzen unserer Konfessionskirchen; unser Herr Jesus Christus selbst ist es, der zu seinem Tisch einlädt. Wir können heute nicht bestreiten, dass es für manche Christen Situationen leiblicher oder geistlicher Notlage oder besonderer geistlicher Erfahrung gibt, die ihr Gewissen nötigen, von der Regel abzuweichen, die den Empfang des Abendmahls im Gottesdienst einer anderen

Dies hat die Generalsynode der VELKD in einer von der Arnoldshainer Konferenz rezipierten Pastoraltheologischen Handreichung zur Frage einer Teilnahme evangelisch-lutherischer und römisch-katholischer Christen an Eucharistie- und Abendmahlsfeiern der anderen Konfession aus dem Jahre 1975 den Gemeinden nahegelegt und empfohlen. Unter Berufung auf dieses wichtige Dokument heißt es in der 2003 erschienenen Orientierungshilfe des Rates der Evangelischen Kirche in Deutschland zu Verständnis und Praxis des Abendmahls in der evangelischen Kirche: „In den evangelischen Kirchen sind römisch-katholische Christen wie alle Getauften herzlich zum Abendmahl eingeladen, weil Christus selbst dazu einlädt" (Abendmahl. Eine Orientierungshilfe, 3.11). Dieser Satz ist vom Kontext der Pastoraltheologischen Handreichung her zu verstehen, auf die er sich beruft. Dadurch ist klargestellt, dass die etwas irreführend sogenannte eucharistische Gastfreundschaft bzw. Gastbereitschaft evangelischer Kirchen nicht die Absicht verfolgt, „Abendmahlsgemeinschaft als Demonstration zur Überwindung der Konfessionsgrenzen zu praktizieren" (Pastoraltheologische Handreichung, Abschn. II). Es trifft zu, was die zitierte Pastoraltheologische Handreichung so sagt: „Auch für unsere Gottesdienste gilt, dass die Amtsträger ‚Christi Person vergegenwärtigen wegen der Beru-

---

konfessionellen Gemeinschaft verwehrt. Solche Situationen lassen sich nicht durch genaue Einzelbestimmungen abgrenzen." Zur theologischen Rezeption der Handreichung vgl. E. Herms, Das Abendmahl für alle Getauften. Eine Fallstudie zur realen ökumenischen Bewegung der Vereinigten Evangelisch-Lutherischen Kirche Deutschlands, in: B. J. Hilberath / D. Sattler (Hg.), Vorgeschmack. Ökumenische Bemühungen um die Eucharistie. FS Th. Schneider, Mainz 1995, 501-538; G. Wenz, Sanctorum Communio. Eine Problemskizze zum Verhältnis von Kirchen- und Abendmahlsgemeinschaft in lutherischer Perspektive, in: K. Raiser / D. Sattler (Hg.), Ökumene vor neuen Zeiten. FS Th. Schneider, Freiburg/Basel/Wien 2000, 319-353.

fung durch die Kirche, nicht ihre eigene Person' (Apol. 7,28 ...). Deshalb lädt durch die Kirche Christus selbst zu seinem Abendmahl ein. Wenn in besonderen Fällen Glieder der römisch-katholischen Kirche im Vertrauen auf das Wort Christi dieser Einladung folgen und am Abendmahl in einem evangelisch-lutherischen Gottesdienst teilnehmen wollen, sehen wir uns nicht ermächtigt, sie nur deshalb daran zu hindern, weil sie nicht Glieder der evangelisch-lutherischen Kirche sind.[15] Wir erwarten jedoch von allen, die zum Tisch des Herrn treten, dass sie das Heilige Abendmahl in unserem Gottesdienst als der Stiftung Christi gemäß anerkennen, und wissen auch einen Kommunikanten aus der römisch-katholischen Kirche hineingenommen in die Gemeinschaft des Bekennens der Sünde, des Hörens, des Empfangens und des Dankens der ganzen gottesdienstlichen Gemeinde. Dabei gehen wir davon aus, dass ein solcher Kommunikant sich dadurch nicht seiner eigenen Kirche entfremdet. Eine Mitgliedschaft in der evangelisch-lutherischen Kirche im kirchenrechtlichen Sinne kommt durch eine so verstandene Teilnahme am Abendmahl nicht zustande" (Pastoraltheologische Handreichung, Abschn. IV). Die Orientierungshilfe der EKD bekräftigt dies ausdrücklich und mahnt zu

---

[15] Verwiesen wird an dieser Stelle auf folgenden Beschluss der Generalsynode der VELKD vom 25. Oktober 1974: „Es entspricht evangelisch-lutherischem Verständnis des Heiligen Abendmahles, dass der Zugang zum Tisch des Herrn jedem offen steht, der im Vertrauen auf Christi verheißendes Wort hinzutritt. Ihm schenkt sich der Herr selbst durch sein Wort in, mit und unter Brot und Wein. Er ist es, der zu seinem Abendmahl einlädt und sich gibt. Darum sehen wir uns nicht ermächtigt, Glieder der römisch-katholischen Kirche, die in solchem Vertrauen und von ihrem eigenen Gewissen gedrängt, am Abendmahl in einem evangelisch-lutherischen Gottesdienst gastweise teilnehmen wollen, daran zu hindern. Weil sie im Heiligen Abendmahl an dem einen Herrn teilhaben, wird nach unserem Verständnis ihre Zugehörigkeit zu ihrer Kirche nicht berührt."

beachten, „dass niemand aus ökumenischem Über-
schwang zu etwas genötigt wird, was er oder sie (noch)
nicht will" (Abendmahl. Eine Orientierungshilfe, 3.11).

4. Wie beurteilt die evangelische Kirche die Teilnahme
eines evangelischen Christen an einer katholischen
Abendmahlsfeier? Diese Frage lässt sich mit einem weiteren Zitat aus der Pastoraltheologischen Handreichung
kurz und bündig beantworten: Wenn evangelische
Christen „in besonderen Fällen bei einer Eucharistiefeier in einer Gemeinde der römisch-katholischen Kirche
kommunizieren wollen, so können sie darauf vertrauen,
dass der gekreuzigte und auferstandene Jesus Christus
sich ihnen kraft der Zusage seiner Worte bei der Ein-
setzung des Abendmahls leibhaft schenkt. Wer in solchem Glauben an den Tisch des Herrn tritt, der bekennt Christus, bereut seine Sünden und preist die
Barmherzigkeit Gottes in seinem Sohn durch den Heiligen Geist. Anderes als Vorbedingung für den Abendmahlsempfang zu fordern, kann nach unserer Überzeugung Christen nicht verpflichten." (Pastoraltheologische
Handreichung, Abschn. III)[16] Sofern dies bewusst ist,

---

[16] Der betonte „Unterschied zwischen der Einladung Christi
und der Zugehörigkeit zur eigenen Kirchengemeinschaft" darf
nicht als Trennung von Zusammengehörigem missverstanden
werden: „Auch die evangelisch-lutherische Kirche geht davon
aus, dass Gemeinschaft am Tisch des Herrn und kirchliche
Gemeinschaft nicht auseinandergerissen werden dürfen, und
sie weiß, dass gewachsene Tradition Hilfe und Verpflichtung
sein kann. Solche Tradition kann aber nach unserem Verständnis nicht eigene Bedingungen für die Gültigkeit des Altarsakraments begründen, die über das hinausgehen, was
nach reformatorischem Bekenntnis die Stiftung Christi aus-
macht. Die Ermöglichung einer wechselseitigen Teilnahme am
Abendmahl in Ausnahmefällen, wie sie im Sinne dieser Handreichung von Seiten der Vereinigten Evangelisch-Lutherischen
Kirche Deutschlands ausgesprochen wird, soll Ausdruck des
Gehorsams gegen den Herrn der Kirche sein und keinesfalls
das Einander-näher-Kommen der Konfessionen belasten. Die-

sieht sich die evangelische Kirche nicht ermächtigt, ihren Gliedern in besonderen Fällen die Teilnahme an der römisch-katholischen Eucharistiefeier grundsätzlich zu verwehren. Allerdings sollte, wie die Orientierungshilfe der EKD hinzugefügt, aus ökumenischen Rücksichten nur dann kommuniziert werden, „wenn sicher ist, dass der Vorsteher der Feier – also der jeweilige Priester – keine Einwände hat" (Abendmahl. Eine Orientierungshilfe, 3.12)[17].

---

se Handreichung kann deshalb nur mit der Bitte schließen, die Kirchen möchten die Klärung dieser Fragen vorantreiben in der Gewissheit, dass Gottes Geist seine Kirche in alle Wahrheit leiten wird" (Pastoraltheologische Handreichung, Abschn. IV).

[17] Vorangegangen waren folgende Hinweise: „Da nach *evangelischem* (und katholischem) *Verständnis* sich im Abendmahl Jesus Christus selbst so schenkt, wie dies die Einsetzungsworte verheißen, die auch für die römisch-katholische Messe konstitutiv sind, besteht kein Grund, daran zu zweifeln, dass er dies auch in katholischen Eucharistie-Gottesdiensten tut. Über einzelne Elemente der Messe, insbesondere des Hochgebetes, wird seit der Reformation zwischen katholischen und evangelischen Theologen kritisch debattiert; aber ebenso besteht seit der Reformationszeit auf evangelischer Seite ein weitgehender Konsens darüber, dass die durch Christus im Abendmahl eröffnete Gemeinschaft nicht durch menschliche Zeremonien oder Theologien beschädigt werden kann" (Abendmahl. Eine Orientierungshilfe, 3.12). Ob mit letzterer Bemerkung der Orientierungsbedarf bereits hinreichend befriedigt ist, wird katholischerseits sicher bezweifelt werden. Das dürfte analog auch für die entsprechenden Ausführungen der VELKD-Handreichung gelten: „Unsere reformatorischen Väter haben bei aller Kritik an der damaligen Abendmahlslehre und -praxis (C.A. 22 und 24 ...) nicht bestritten, dass Jesus Christus auch im Gottesdienst der römisch-katholischen Kirche gegenwärtig ist, wie wir es vom eigenen Gottesdienst glauben, wenn in der Eucharistiefeier Brot und Wein mit den Stiftungsworten Christi gesegnet und so bei der Kommunion durch die Gabe von Leib und Blut Christi in Seinem Namen und auf Seinen Befehl die ‚Vergebung der Sünden, Leben und

Der offizielle Stand der Dinge in der Frage einer Teilnahme evangelischer und katholischer Christen an
Abendmahlsfeiern der anderen Konfession dürfte damit
im Wesentlichen skizziert sein. „Bone pastor", mag da
manch einer ausrufen. Genau das sollten wir gemeinsam tun: „Bone Pastor, panis vere, / Jesu, nostri mise-
rere; / Tu nos pasce, nos tuere; / Tu nos bona fac vide-
re / In terra viventium. / Tu qui cuncta scis et vales, /
Qui nos pascis hic mortales, / Tuos ibi commensales, /
Cohaeredes et sodales / Fac sanctorum civium. /
Amen. Alleluja."[18] „Guter Hirt, du wahre Speise, / Jesus, gnädig dich erweise! / Nähre uns auf deinen Auen,
/ lass uns deine Wonnen schauen / in des Lebens ewi-
gem Reich! / Du, der alles weiß und leitet, / uns im Tal
des Todes weidet, / lass an deinem Tisch uns weilen, /
deine Herrlichkeit uns teilen. / Deinen Seligen mach
uns gleich!" Die zitierten Zeilen des Hymnus „Lauda Sion", mit dem Thomas von Aquin unter Zusammenfas-
sung seiner eigenen Abendmahlstheologie die Eucharis-

Seligkeit' den glaubenden Sündern zugeeignet wird. Deshalb
gilt auch von den Amtsträgern der römisch-katholischen Kirche: ‚Wenn sie das Wort Christi, wenn sie die Sakramente reichen, reichen sie es an Christi statt' (Apol. 7,28 ...). Es gehört
gerade zu den fundamentalen Aussagen der Bekenntnisschrif-
ten der evangelisch-lutherischen Kirche, dass Unterschiede, die
nur in geschichtlichen Traditionen oder menschlicher kirchlicher Rechtsetzung ihren Grund haben, die Vermittlung des
Heils im Gottesdienst nicht einschränken. Umgekehrt darf deshalb die Anerkennung und Beachtung derartiger Vorschriften
auch nicht zu einer die Gewissen bindenden Zusatzbedingung
gemacht werden (C.A. 7 und 15 ...). Demgegenüber tritt nach
Auffassung der römisch-katholischen Kirche jeder dort Kom-
munizierende über die geistliche Gemeinschaft mit der das
Abendmahl feiernden Gemeinde hinaus auch in eine gewisse
Gemeinschaft mit der römisch-katholischen Kirche, die allein
Kirche in Fülle zu sein beansprucht" (Pastoraltheologische
Handreichung, Abschn. III).
[18] Vgl. S. Thomae Aquinatis Opuscula Omnia, (Hg P. Mandon-
net), Tomus quartus, Paris 1927, 473-475.

tie verherrlichte, beschlossen die Eucharistieenzyklika Johannes Pauls II. Das ist schön, auch wenn sich über die künstlerische Qualität des Thomasgedichts streiten lässt.

Man hat gelegentlich bemängelt, der doctor angelicus sei „seinem erhabenen Stoff dichterisch nicht ganz gerecht geworden", und man hat dafür vor allem das monotone Versmaß verantwortlich gemacht, das sich fast ausnahmslos bis zur Schlussstrophe durchhält. „Leider", so wurde gesagt, „ist ein großer Philosoph nicht immer ein guter Dichter!"[19] Es steht mir nicht zu, dieses Urteil zu kommentieren; ich will mich vielmehr mit der Feststellung begnügen, dass sich alle möglichen ästhetischen Bedenken und Vorbehalte in reines Wohlgefallen auflösen, wenn man sich den Aquinatenhymnus so zu Gehör bringt, wie er von einem Protestanten jüdischer Herkunft vertont wurde: Felix Mendelssohn Bartholdy, Lauda Sion op. 73 für Chor, Soli, Orchester und Orgel, eine Spätkomposition des reifen Meisters, in der sich Eigenes und Fremdes zu versöhnter Verschiedenheit kirchenmusikalisch vereint,[20] jenseits von religiösem Fanatismus, aber auch jenseits von „konfliktlose(r) Erbaulichkeit"[21].

[19] E. Werner, Mendelssohn. Leben und Werk in neuer Sicht, Zürich/Freiburg 1980, 475; vgl. auch J. Hörisch, Brot und Wein. Die Poesie des Abendmahls, Frankfurt a. Main 1992, 91f.

[20] Vgl. R. Riehn, Das Eigene und das Fremde. Religion und Gesellschaft im Komponieren Mendelssohns, in: Musik-Konzepte Heft 14/15: Felix Mendelssohn Bartholdy, München 1980, 123-146.

[21] W. Konold, Felix Mendelssohn Bartholdy und seine Zeit, Regensburg 1984, 192.

Florian Ihsen

ÖKUMENISCHE GOTTESDIENST-GEMEINSCHAFT

BEOBACHTUNGEN UND THEOLOGISCHE ÜBERLEGUNGEN UNTER BERÜCKSICHTIGUNG AUSGEWÄHLTER GOTTESDIENSTE DES ZWEITEN ÖKUMENISCHEN KIRCHENTAGES IN MÜNCHEN[1]

Ökumenische Gottesdienste gelten in besonderer Weise als Gradmesser Konfessionen verbindender Gemeinsamkeit und Hoffnung, sowohl im normalen Leben örtlicher Kirchengemeinden oder eines anderen gemischtkonfessionellen Kontextes als auch auf einem Kirchentag. Doch was ist eigentlich ein ökumenischer Gottesdienst? Im Titel dieses Aufsatzes heißt es doppeldeutig „Ökumenische Gottesdienstgemeinschaft". Dieser Terminus kann sich sowohl auf die Praxis interkonfessionell besuchter, geleiteter und explizit „ökumenisch" betitelter Gottesdienste als auch auf die liturgische Gestalt und Praxis konfessioneller Gottesdienste beziehen. Diese Doppeldeutigkeit ist absichtlich und hat ihren sachlichen Grund darin, dass die liturgische Ökumeni-

---

[1] Der Aufsatz geht auf einen Vortrag bei der Fachtagung „Eingeladen zum Fest des Glaubens" in Freising zurück, den ich am 4. 2. 2010 in Freising gehalten und unter dem Eindruck des Kirchentages und zur Veröffentlichung leicht überarbeitet habe. Ausführlicher habe ich zum Thema gearbeitet in: F. Ihsen, Eine Kirche in der Liturgie. Zur ekklesiologischen Relevanz ökumenischer Gottesdienstgemeinschaft. FSÖTh 129, Göttingen 2010. Dort findet sich auch weiterführende Sekundärliteratur, die hier nur eingearbeitet ist, soweit daraus zitiert wird. Für Korrekturen an diesem Aufsatz danke ich herzlich Herrn Ulrich Stange (Wiesbaden).

sierung der konfessionellen Gottesdienste und die Praxis ökumenischer Gottesdienste sich gegenseitig ermöglichen, fordern und fördern. Explizit ökumenisch genannte und ökumenisch gestaltete konfessionelle Gottesdienste stehen in einem Verhältnis wechselseitiger Wirkung zueinander.

Zu Beginn der Erkundung gegenwärtig praktizierter ökumenischer Gottesdienstgemeinschaft werde ich drei gottesdienstliche Mahlfeiern während des Zweiten Ökumenischen Kirchentages (ÖKT) in München skizzieren und diese zu dem Wunsch und Ziel einer Konfessionen verbindenden Abendmahlsgemeinschaft in Bezug setzen. In einem zweiten Schritt wird die gegenwärtige ökumenische Gottesdienstpraxis in gemeinsamen und getrennten Gottesdiensten reflektiert. Abschließend werde ich zeigen, inwiefern gerade die konfessionell getrennten Abendmahlsgottesdienste am Samstagabend des ÖKT Hoffnungszeichen und Wegweiser ökumenischer Zukunft sein können, ehe ich mit Überlegungen und Fragen zur ökumenischen Gottesdienstgemeinschaft in der gegenwärtigen religionskulturellen Situation ende.

I. ÖKUMENISCHE MAHLFEIERN BEIM ZWEITEN ÖKUMENISCHEN KIRCHENTAG IN MÜNCHEN

Die Hoffnung auf ein „ökumenisches Abendmahl" wurde bereits im Vorfeld des Zweiten Ökumenischen Kirchentages in München von evangelischer und römisch-katholischer Seite einmütig als unerfüllbar abgewiesen. Dies ist zurückzuführen auf die Ereignisse des Berliner Kirchentages, die zur Suspendierung der beteiligten römisch-katholischen Priester geführt hatten und für die Kirchenleitungen wohl nach wie vor eine traumatische Erfahrung darstellen. Dies sollte sich in München nicht wiederholen, zumal sich die ökumenischen Beziehungen zwischen den beiden Großkonfessionen seit dem Berliner Kirchentag auf der dogmatischen Ebene nicht unbedingt verbessert haben. Vor diesem Hintergrund seien kurz drei ökumenische Mahlfeiern in den Blick genommen, die während des Münchener Kirchentages gefeiert wurden.

1. Die Eucharistiefeier nach der Lima-Liturgie

Wie auf jedem Evangelischen Kirchentag, so fand auch beim ÖKT in München ein Gottesdienst mit Bischöfen verschiedener Konfessionen statt, der nach der Lima-Liturgie gefeiert wurde, diesmal in der evangelischen Erlöserkirche München-Schwabing. Das spezifische liturgisch-theologische Profil der Lima-Liturgie besteht darin, dass hier Vertreter (noch) getrennter Konfessionen auf der Grundlage einer gemeinsamen Liturgiegestalt eine Eucharistiefeier erlaubt (!) konzelebrieren. Bei der Lima-Liturgie in München hatte der altkatholische Bischof Dr. Matthias Ring den liturgischen Vorsitz inne. Die Predigt hielt die Münchener Regionalbischöfin Susanne Breit-Keßler. Ring und Breit-Keßler teilten sich das Sprechen der Einsetzungsworte, die anderen konzelebrierenden Bischöfe wechselten sich bei den Strophen des Eucharistiegebetes ab. Römisch-katholische und orthodoxe Amtsträger waren nicht beteiligt. Mindestens 850 Menschen feierten diesen Gottesdienst mit.[2]

---

[2] Der Andrang bei der Kommunion der Lima-Liturgie war so groß, dass die eucharistischen Gaben am Altar nicht reichten – eine heikle Situation: Wie geht man mit einer solchen Situation theologisch und liturgisch angemessen um? Nun kann man natürlich „Vorräte" aus der Sakristei nicht undifferenziert nachfüllen, als hätten die Gaben, über denen gebetet wurde, dieselbe „Qualität" wie die Gaben, die von außerhalb des Feierkontextes (und sei es ein Tabernakel) eingeführt werden. Was dann? Nachkonsekrieren? Wenn ja, mit welchen Worten und Gesten? Wenn nein – was dann? Die Feier beenden? Die letzten Hostien zerbröseln, den Wein strecken? Diese technischen Fragen sind insofern von Bedeutung, als sich darin die Essenz der Abendmahlstheologie und -liturgie zum

Ihre lehrmäßige Grundlage hat die Lima-Liturgie in der evangelisch-altkatholischen Vereinbarung zur Teilnahme am Abendmahl der anderen Konfession aus dem Jahr 1985 sowie im Meißen-Dokument zwischen den EKD-Kirchen und der Church of England (1988/91). Beide Dokumente verdanken sich den Lima-Dokumenten zu Taufe, Eucharistie und Amt aus dem Jahr 1982.

Im Programmheft war die Lima-Liturgie nicht als „ökumenische Eucharistiefeier" betitelt, sondern als „Eucharistie als Gastmahl".

Hier lassen sich Fragen stellen. Darf eine Feier nur dann rechtmäßig „ökumenisch" heißen, wenn auch ein römisch-katholischer Repräsentant aktiv beteiligt ist? Welche Feiern mit welchen konfessionellen Konstellationen dürfen für sich das Prädikat ökumenisch überhaupt beanspruchen? Es zeigt sich, dass die Bezeichnung „ökumenisch" zur Bezeichnung bestimmter kirchlicher Aktivitäten im Kontext einer multilateralen konfessionellen Landschaft definitionsbedürftig ist.

Ausdruck bringt. Was „macht" gewöhnliches Brot und gewöhnlichen Wein zu Leib und Blut Christi? Anders gefragt: Gibt es ein spezifisches Konsekrationselement, das gewissermaßen über den nachgebrachten Gaben wiederholt werden könnte oder müsste? Und wenn ja, von wem? Von einem Ordinierten? Ist doch die gesamte Gemeinde handelndes Subjekt der Liturgie und der Konsekration. Das Evangelische Gottesdienstbuch wehrt – anders als die römische Liturgie – eine Fixierung der Konsekration auf ein Element der Liturgie (z.B. Einsetzungsworte, Epiklese) ab (ausführlicher dazu bei Ihsen, Eine Kirche in der Liturgie, 203-205). Die in der Lima-Liturgie aufgeworfenen Probleme und Fragen sind jedoch auch im Horizont dessen zu sehen, dass es ein durchaus erfreuliches Problem ist, wenn die Kirche zu viele Kommunikanten hat, wie dies bei der Lima-Liturgie der Fall war.

2. Die Artoklasia: Orthodoxe Vesper in Ökumenischer Gemeinschaft

Am Freitagabend, den 14. Mai, fand am Münchener Odeonsplatz eine orthodoxe Vesper in ökumenischer Gastfreundschaft als Mahlfeier statt. Sie war bewusst keine Abendmahls- bzw. Eucharistiefeier, aber sie erfüllte, was viele Menschen bei einem Ökumenischen Kirchentag erwarten: unbegrenzte Gemeinschaft von Menschen, die sich innerhalb einer liturgischen Feier neben dem gemeinsamen Hören, Beten und Singen auch in den menschlichen Grundakten des Essens und Trinkens gesegneter Schöpfungsgaben (hier: Brot, Öl, Äpfel, Wasser) realisiert. Gegenüber herkömmlichen Großgottesdiensten wurde das Gemeinschaftserlebnis durch das gemeinsame Sitzen an insgesamt 1000 Tischen unterstrichen. Statt einer monologischen Predigt im klassischen Sinne predigten die gesungenen und gesprochenen liturgischen Texte der ostkirchlichen Tradition; eine persönliche Auseinandersetzung und Aneignung biblischer Texte konnte an den Tischen in geleiteten Tischgesprächen erfolgen.

Mit dieser Feier hat die orthodoxe Tradition innerhalb der verfahrenen Diskussion um Abendmahlsgemeinschaft eine eigenständige selbstbewusste Feierform eingebracht, die weder Notlösung noch Alternative zum „gemeinsamen Abendmahl" ist, geschweige denn eine „Simulation" einer Eucharistie, deren spezifische liturgische Elemente (Eucharistiegebet mit Anamnese, Einsetzungsworten und Epiklese, Austeilung von Brot und Wein unter Verwendung spezifischer Spendeworte) fehlten.

Vielmehr hat *eine* Tradition ihren Schatz ökumenisch so geöffnet, dass niemandes Glaubensüberzeugung verletzt wird. Möglicherweise entspricht diese gottesdienstliche Form in ihrer Offenheit auch besser dem sensus fidelium einer zunehmend postkonfessionell werdenden Gesellschaft auch innerhalb der Kirchen als die traditionellen Abendmahlsfeiern und -theologien, selbst wenn sie ökumenisch, d. h. Konfessionen verbindend konzipiert sind.

3. DIE ÖKUMENISCHE ABENDMAHLSFEIER MIT GOTTHOLD HASENHÜTTL

Diese Feier war erwartungsgemäß nicht im Programmheft des Kirchentags abgedruckt. Vielmehr wurde inoffiziell, z.b. auf Handzetteln, dafür geworben, dass eine Abendmahlsfeier für „katholische und evangelische Christen" (so die Werbung auf dem Handzettel) stattfindet. Die liturgische Leitung der Mahlfeier lag bei dem evangelischen Pfarrer Eberhard Braun; Gotthold Hasenhüttl, der durch den Berliner ÖKT bekannt (und suspendiert) wurde, predigte.

Die Feier fand in einem Hörsaal der Technischen Universität in München statt. Ich habe sie selbst nicht besucht, mir aber davon erzählen lassen und darüber gelesen[3]. Daher möchte ich lediglich einige Fragen formulieren, die sich angesichts dieses Gottesdienstes stellen: Welche Seiten der Ökumene werden in einem solchen Gottesdienst präsent? Wohl kaum die römisch-katholische Kirche, die sich ausdrücklich *nicht* als basisdemokratisch, sondern als bischofskirchlich in Gemeinschaft mit dem Papst strukturiert versteht. Wie ökumenisch ist ein Gottesdienst, der halb-offiziell vollzieht, was mindestens eine der beteiligten Seiten strikt untersagt? Kann überhaupt ein suspendierter Amtsträger noch als authentischer Repräsentant einer Konfession gelten, wenn ihm die Ausübung von Lehre und liturgischer Leitung dezidiert untersagt ist? Wer die Gemeinschaft mit der römisch-katholischen Kirche ernsthaft sucht, wird sich überlegen, ob er sich an einer Feier beteiligt, die dem römisch-katholischen Selbstverständnis offen widerspricht. Die Reformatoren kritisierten den Brauch der Winkelmessen, der inzwischen auch in der

---

[3] Vgl. www.kath.net/detail.php?id=26736, Artikel vom 17. 5. 10, Zugriff am 29. 6. 10.

römisch-katholischen Kirche erheblich zurückgedrängt wurde. Überspitzt könnte man die gemeinsame Abendmahlsfeier in der TU durchaus auch als „ökumenische Winkelmesse" bezeichnen. Sie steht im Abseits der Öffentlichkeit und der kirchlich-lehrmäßigen Legitimation und hat Protestcharakter. Wenn das Abendmahl Sakrament der Einheit ist, dann ist es aus meiner Sicht angemessen, auf den liturgischen Vollzug einer Einheit, die es noch nicht gibt – nämlich eine solche Einheit, die die wechselseitig offene Kommunion und eucharistische Konzelebration von evangelischen und römisch-katholischen Ordinierten einschließt – zu verzichten.

Während der Mahlliturgie murmelte – so wurde mir von Mitfeiernden erzählt – Gotthold Hasenhüttl die Einsetzungsworte mit. Warum eigentlich? Um Gemeinsamkeit zu demonstrieren? Oder vielleicht doch, weil dem evangelischen Amtsträger die potestas consecrandi aus römischer Sicht fehlt und so die Feier dann doch noch eine „richtige" Messe wird? Aus der Sicht evangelischer Kirchen, deren Ämtervollmacht von römisch-katholischer Seite bestritten wird, wird man hier doch so fragen müssen.

Es ist gut verständlich, dass viele Christen das gemeinsame Abendmahl auch mit römisch-katholischer Beteiligung feiern möchten. Aktionen wie die gerade geschilderte bleiben jedoch ökumenisch zweideutig, denn sie verstoßen gegen Grundprinzipien von mindestens einer beteiligten Kirche. Es sei wenigstens angemerkt, dass aus evangelischer Sicht keine klare Stellungnahme dazu existiert, ob eine Konzelebration mit Vertretern einer anderen Kirche, die das Kirche-Sein anderer „Gemeinschaften" vehement bestreitet, theologisch und ekklesiologisch sinnvoll und überzeugend ist.

Die drei Beispiele zeigen bereits, wie vieldimensional ökumenische Gottesdienstpraxis schon innerhalb einer gemeinsamen Veranstaltung sein kann. Wie viel mehr gilt dies für die Praxis in den Gemeinden und Einrichtungen mit gemischtkonfessioneller kirchlicher Präsenz. Im Folgenden weite ich den Blick aus auf die ökumenische Gottesdienstpraxis im bundesdeutschen Kontext, selbstverständlich ohne den Anspruch, jede lokale Gegebenheit vollständig berücksichtigen zu können.

II. ÜBERLEGUNGEN UND BEOBACHTUNGEN ZUR GEGENWÄRTIGEN ÖKUMENISCHEN GOTTESDIENST-PRAXIS IN SIEBEN THESEN

1. ES GIBT NICHT „DEN" ÖKUMENISCHEN GOTTESDIENST. DIE LANDSCHAFT ÖKUMENISCHER GOTTESDIENSTE IST MINDESTENS SO BUNT UND VIELFÄLTIG WIE DIE DER KONFESSIONELLEN GOTTESDIENSTE.

Dass die gottesdienstliche Landschaft plural und vielfältig ausdifferenziert ist, ist längst ein Gemeinplatz, der keiner eigenen Erwähnung bedarf. Erwähnenswert ist jedoch, dass dies nicht nur für konfessionelle Gottesdienste gilt. Auch die so genannten ökumenischen Gottesdienste sind kein eigener und einheitlicher Typ neben anderen Gottesdiensttypen, sondern sind in sich vielfältig. Innerhalb dieser Vielfalt ökumenisch genannter Gottesdienste nehme ich zwei Typisierungen vor.

Den einen Typ nenne ich den klassischen *kirchlich-konfessionell* orientierten ökumenischen Gottesdienst im Kontext zweier oder mehrerer Pfarrgemeinden, Stadt- und Landeskirchen. Die feiernde Gemeinde wohnt im selben Ort oder Stadtteil, die verschiedenkonfessionellen Ortsgeistlichen fungieren als Liturgen, und als Gottesdienstort dient eine Kirche (oder ein öffentlicher Platz) im gemeinsam bewohnten Stadtteil oder Ort. Die Anlässe ökumenischer Gottesdienste auf parochialer Ebene sind meist durch den Zyklus des bürgerlichen Jahres, aber auch durch das Kirchenjahr vorgegeben und kehren häufig jährlich wieder.

Welche Konfessionen in diesen Gottesdiensten erwartet und repräsentiert werden, hängt in der Regel davon ab, welche Kirchen durch ein Kirchengebäude und eine nennenswerte Zahl von Mitgliedern an diesem Ort vertreten sind. Beispiele sind die Gottesdienste zur Gebetswoche für die Einheit der Christen, die Weltgebetstagsgottesdienste, Schulanfangs-/Schlussgottesdienste und viele mehr. Liturgisch ist in diesen Gottesdiensten alles möglich und erlaubt, was nicht unter den römisch-katholisch definierten Sakramentsbegriff fällt. Zu diesem Typ zähle ich auch Gottesdienste auf überparochialer oder gar nationaler Ebene, die zu bestimmten einmaligen Anlässen (z. B. Katastrophen, Eröffnung der Fußball-WM 2006 in München) meist unter bischöflichem Vorsitz stattfinden.

Gemeinsam ist den kirchlich-konfessionell orientierten ökumenischen Gottesdiensten aller Ebenen die besondere Bedeutung der Repräsentanz der Konfessionen durch die für den jeweiligen Raum repräsentativen Geistlichen (Ortspfarrer, Bischöfin, Krankenhausseelsorger, Schulpfarrerin etc.). Sie zeichnen sich dadurch aus, dass Gemeindeglieder und Amtsträger unterschiedlicher Konfessionen liturgisch gemeinsam aktiv sind.

Einen weiteren Typ ökumenischer Gottesdienste nenne ich *postkonfessionell.* Die Konfessionszugehörigkeit spielt eine relativ geringe bis gar keine Rolle. Viele dieser Gottesdienste verstehen sich als ökumenisch in einem primär *postkonfessionellen* Sinn, nämlich dass die traditionellen Differenzen zwischen den Konfessionen für diesen Gottesdienst und seine Mitfeiernden wenig bedeutsam sind. „Ökumenisch" verbindend wirken die gemeinsame gruppenspezifische Lebenssituation und/oder die gemeinsame Suche nach dichten spirituellen Erfahrungen. Exemplarisch dafür sind ökumenische Motorradgottesdienste, Trauergottesdienste für verstorbene Kinder, Frauen- und Jugendgottesdienste, Aidsgottesdienste, ökumenische Gottesdienste für Landwirte anlässlich der BSE-Krise, ökumenische Gottesdienste für Schwule und Lesben zum Christopher-Street-Day, Gottesdienste der Polizei- oder Notfallseelsorge

und viele mehr. Aus dem Programm des jüngsten ÖKT wären noch viele weitere Beispiele zu nennen. Als ökumenische Repräsentanten fungieren die leitenden Geistlichen nicht primär als Repräsentanten einer Konfessionskirche, sondern durch eine besondere Beziehung zur Zielgruppe, sei es durch eine innerkirchliche Sonderfunktion, sei es durch persönliche Betroffenheit, sei es durch ihr besonderes Charisma. Die Teilnahme an diesen Gottesdiensten verdankt sich einer bewussten Entscheidung, um hier die eigene gruppenspezifische Identität liturgisch zu inszenieren. Diese Gottesdienste haben ein besonders zielgruppenorientiertes Profil. Zu diesen Gottesdiensten kommen Menschen in einer gemeinsamen biographischen Situation oder mit einem gemeinsamen Lebens- oder Glaubensstil in mehr oder minder regelmäßigen Abständen (monatlich, zweimonatlich, jährlich, regelmäßig zu Kirchentagen) zusammen. Diese Gottesdienste sind zwar in der Regel an eine bestimmte Kirchengemeinde angebunden, ziehen aber Menschen aus einem größeren Einzugsgebiet an und stellen in besonderer Weise ein den traditionellen Sonntagsgottesdienst ergänzendes, relativ regelmäßiges „zweites" oder „drittes Programm des Gottesdienstes" dar. Diese Gottesdienste ziehen Menschen mit demselben Zielgruppenmerkmal an. „Sie richten sich nach dem Lebensgefühl der Menschen, nehmen ihre Fragen und Themen auf und gehen, mit unterschiedlichen Akzentsetzungen, davon aus, dass Gott nicht mehr selbstverständlich ist – und vor allem nicht mehr: der kirchlich-agendarische Zugang zu ihm."[4]
Des Weiteren gibt es auch etliche konfessionelle Gottesdienste mit mehrkonfessioneller amtlicher Repräsentanz und/oder Gemeinde.
In etlichen nur von einer Konfession verantworteten Gottesdiensten werden vereinzelt Amtsträger anderer

---

[4] L. Friedrichs, Mit dem Zweiten sieht man besser? „Alternative" Gottesdienste als liturgische Herausforderung, in: Für den Gottesdienst 61, 2005, 7-12, hier 7.

Konfessionen liturgisch eingebunden, ohne dass diese Gottesdienste ihre konfessionelle Bindung und Bezeichnung dadurch verlieren.

So findet in manchen Gemeinden gelegentlich ein ökumenischer Predigttausch statt. Das bedeutet, dass die Predigt von einem Geistlichen der anderen Kirche gehalten wird, Liturgie und die Leitung der Eucharistie jedoch von der gastgebenden Konfession übernommen werden, die dem Gottesdienst auch seine konfessionelle Bezeichnung gibt und nach deren liturgischer Ordnung der Gottesdienst gefeiert wird.

Dass faktisch eine Großzahl der konfessionellen Gottesdienste von Menschen unterschiedlicher Konfession und auch von Konfessionslosen besucht werden, ist längst ein alltägliches Faktum im deutschsprachigen Raum. Dabei ist keineswegs nur an gemischtkonfessionelle Ehepaare oder an einzelne Interessierte im Sonntagsgottesdienst zu denken. Vor allem zu Kasualgottesdiensten jeglicher Art versammelt sich eine gemischtkonfessionelle Gemeinde. Dass diese Gottesdienste mit einer gemischtkonfessionellen Gemeinde trotzdem als evangelisch oder katholisch gelten, zeigt, dass in der Logik der kirchlichen Praxis die Konfessionszugehörigkeit des leitenden Liturgen maßgeblich ist für die konfessionelle Bezeichnung eines Gottesdienstes.

Hingewiesen sei auch auf *teilökumenische* Feiern. Die Gemeinde beginnt oder beendet den Gottesdienst gemeinsam und feiert den Hauptteil, namentlich Predigt und Abendmahl, getrennt. So trafen sich beim Ökumenischen Kirchentag in München an Christi Himmelfahrt die römisch-katholische, die evangelisch-lutherische und die orthodoxe Gottesdienstgemeinde am Odeonsplatz zu einer gemeinsamen Abschlussfeier, nachdem zuvor die Sakramentsgottesdienste zum Feiertag je getrennt gehalten wurden.

Als abschließende Beispiele ökumenischer Gottesdienstvielfalt seien die ökumenischen Abendmahls- und Eucharistiefeiern genannt. Zunächst fällt hier das römisch-katholische Verbot Konfessionen verbindender

Sakramentsgemeinschaft ein. Eigens hingewiesen sei jedoch darauf, dass Ökumene, gerade in einer sich globalisierenden Welt, multilateral ist. Es gibt eine spezifische römisch-katholisch/orthodoxe Ökumene, an der der Protestantismus nicht beteiligt ist, ebenso wie auch die evangelischen Konfessionen ökumenische Beziehungen mit nicht-römisch-katholischen Kirchen pflegen. Etliche Konfessionen können sich bereits heute eucharistische Gastfreundschaft gewähren (z. B. Lutheraner, Altkatholiken und Anglikaner). Volle Inter- und Konzelebration ist zwischen Methodisten und Lutheranern möglich. Ja, auch die schon kurz skizzierte Lima-Liturgie darf m.E. mit vollem Recht beanspruchen, eine ökumenische Eucharistiefeier zu sein.

Sich diese Vielfalt und Vieldimensionalität ökumenischer Feierpraxis vor Augen zu halten, ist wichtig, um die Reflexion ökumenischer Gottesdienstpraxis nicht auf die römisch-katholische und die evangelische Kirche und deren spezifische Fragestellungen zu verengen. Die Vielfalt und Vieldimensionalität wurzeln in der weltweiten Pluralität christlicher Kirche, die sich im Zeichen von Migration und Globalisierung auch in unserem bundesdeutschen Kontext abbildet. Der Münchener ÖKT hat dies dadurch gezeigt, dass eben auch andere Konfessionen, insbesondere die ursprünglich nicht in Deutschland beheimateten Orthodoxen, mit Katholiken und Protestanten gleichermaßen im Fokus der öffentlichen Wahrnehmung waren.

Die Vielgestaltigkeit ökumenischer Gottesdienstformen und -anlässe hängt aber auch damit zusammen, dass sich jede ökumenische Gemeinschaft selbst ihren Gottesdienst schafft. Es gibt keine kirchlich verbindliche gemeinsame Agende für ökumenische Feiern, sieht man einmal von der Feier der gemeinsamen Trauung oder den „Ökumenischen Segensfeiern" ab. Kein liturgischer Kalender besagt, dass bestimmte Anlässe mit anderen Konfessionen gemeinsam gefeiert werden sollen und müssen, und wenn ja, in welcher konfessionellen Konstellation. Ökumenische Feiern verdanken sich wesentlich den außerliturgischen Beziehungen und Lebensumständen von Menschen, wobei das persönliche Verhältnis der Pfarrer der verschiedenen Konfessionen oft ein besonders bedeutender Faktor für die Intensität des ökumenischen Lebens ist.

Das wiederum bedeutet zugespitzt: Der ökumenische Gottesdienst ist im Zweifelsfall bei aller Hochschätzung in den Gemeinden eine *fakultative Veranstaltung* im Gottesdienstprogramm der Kirchengemeinden und im Zweifels- oder Streitfall, wenn „die Chemie nicht stimmt", auch entbehrlich. Ökumenische Gottesdienste stellen ein „zweites Programm" zu den regulären sonn- und feiertäglichen konfessionellen Gottesdiensten dar und haben damit kasuellen Charakter.

2. ÖKUMENISCHE GOTTESDIENSTE HABEN VIELE GEMEINSAMKEITEN MIT DEN KASUALIEN (SITUATIONSBEZUG; VIELFÄLTIGE RELIGIÖSE SITUATION UND MOTIVATION DER TEILNEHMENDEN; DAS MITEINANDER VON DEN KASUS DEUTENDER PREDIGT UND RITUELLER KERNSZENE; SPEZIFISCHE NEUZEITLICHKEIT DES THEMAS).

Wolfgang Steck hat eine einschlägige praktisch-theologische Arbeitsdefinition für Kasualien formuliert: „Als Kasualien oder als Amtshandlungen werden die liturgisch geordneten kirchlichen Handlungen mit Ausnahme des sonntäglichen Gottesdienstes bezeichnet. Im Unterschied zum Gottesdienst werden die kasuellen Feiern nicht an regelmäßig wiederkehrenden Daten des Kalender- oder Kirchenjahres, sondern aus bestimmtem Anlass abgehalten. Sie beziehen sich auf eine einmalige und einzigartige Situation (Kasus) im Leben des einzelnen Christen oder im Lebenszusammenhang der christlichen Gemeinschaft."[5]

Mit dieser praktisch-theologischen Definition protestantischer Provenienz konvergiert die lehramtliche Position von katholischer Seite durch die deutschen Bischöfe.

---

[5] W. Steck, Art. Kasualien, TRE Bd. 17, 673-686, hier 674.

Die Bischöfe sprechen von Gottesdiensten, „die bei wichtigen *gesellschaftlichen* Anlässen und Ereignissen in der Regel in ökumenischer Trägerschaft gefeiert werden"[6]. Dem bischöflichen Schreiben zufolge sind ökumenische Gottesdienste „nicht nur ein Dienst an der Gesellschaft, sondern erwachsen auch aus dem Gebetswunsch Jesu, dass alle eins sind"[7].

Ökumenische Gottesdienste lassen sich somit den Kasualien zuordnen, sofern der Kasualbegriff weit gefasst wird und nicht den Feiern anlässlich der traditionellen Passagen im Lebenszyklus des Einzelnen vorbehalten bleiben soll.

Die traditionellen Kasualien und die ökumenischen Gottesdienste haben folgende Gemeinsamkeiten:

1. Der dezidierte *Situationsbezug*.
2. In ökumenischen Gottesdiensten und Kasualien versammeln sich in besonderer Weise *Menschen mit unterschiedlicher kirchlicher und religiöser Bindung*. Kasualien und ökumenische Gottesdienste können keine einheitliche Kirchlichkeit voraussetzen. Der explizite Bezug zu Kirche und Christentum ist primär anlassmotiviert und kann u.U. auch vorübergehend sein.
3. Das *Miteinander von Kasualrede (Predigt) und rituelller Kernszene*, die „das der Begehung zugrunde liegende Geschehen dramatisch inszeniert und durch eine herausragende Handlung symbolisch dar[stellt]"[8]. Die rituelle Kernszene in ökumenischen Gottesdiensten kann etwa in einem Ritus der Tauferinnerung, im Entzünden von Gedenkkerzen, einer Einweihungshandlung/-geste

---

[6] Mitte und Höhepunkt des ganzen Lebens der christlichen Gemeinde. Impulse für eine lebendige Feier der Liturgie, Die deutschen Bischöfe 74, 2003, hier: 43 (kursiv von F. Ihsen).

[7] Mitte und Höhepunkt, 43. Interessant ist dabei die Reihung der Motive ökumenischer Gottesdienste. Dem scheinbar selbstverständlichen diakonischen Aspekt ökumenischer Gottesdienste („nicht nur") wird der einheitstheologische Aspekt („sondern auch") hinzugefügt.

[8] Steck, Art. Kasualien, 680.

oder anderer für den Anlass passender Riten liegen. Das Drängen etlicher ökumenisch gesinnter Christen nach dem „gemeinsamen Abendmahl" kann als Sehnsucht nach einer rituellen Kernszene interpretiert werden, die die bestehende oder zu erreichende Gemeinsamkeit symbolisch darstellen bzw. bewirken soll.

4. Ökumene und ökumenische Gottesdienste sind wie die Kasualien „ein spezifisch *neuzeitliches Thema* der Theologie"[9] (Fechtner), denn sie setzen die *Pluralität von (christlicher) Religion* und das unmittelbar räumliche Nebeneinander getrennter Konfessionen voraus.

3. ÖKUMENISCHE GOTTESDIENSTE SETZEN DAS ZUSAMMENLEBEN VERSCHIEDENKONFESSIONELLER MENSCHEN IN EINEM BESTIMMTEN LEBENSRAUM VORAUS.

Seit der Reformationszeit, aber verstärkt ab der Zeit nach dem Zweiten Weltkrieg hat sich die bundesdeutsche Bevölkerung nachhaltig konfessionell durchmischt. Der konfessionelle Gegensatz blieb zwar noch „bis ins 20. Jh. ein gesellschaftlich, kulturell und polit[isch] charakteristisches Element"[10], wie Wolf-Dieter Hauschild feststellt. Eine umfassend konfessionelle Durchmischung Deutschlands erfolgte nach dem Zweiten Weltkrieg, vor allem durch die Zuwanderung von Vertriebenen nach Deutschland, deren Verteilung nicht nach konfessionellen Gesichtspunkten erfolgte und zu einer weitgehenden Auflösung der konfessionellen Siedlungsgebiete führte, deren konfessionelle Homogenität mindestens bis in die Reformationszeit zurückreichte.[11]

---

[9] K. Fechtner, Kirche von Fall zu Fall. Kasualpraxis in der Gegenwart – eine Orientierung, Gütersloh 2003, 19.

[10] W.-D. Hauschild, Art. Deutschland II. Kirchengeschichtlich und Konfessionskundlich, RGG[4], Bd. 2, 717-752, hier: 739.

[11] Vgl. K. Gabriel, Christentum zwischen Tradition und Postmoderne, QD 141, Freiburg 1992, 27-29; E. Gatz, Art. Deutschland, LThK[3], Bd 3, 145-154, hier: 151.

Unter den Bedingungen des Miteinander-Lebens bzw. Miteinander-Leben-Müssens von Menschen verschiedener christlicher Konfession und Tradition stellt sich die Frage des religiös-kirchlichen Miteinanders der Angehörigen getrennter Konfessionen. Dies führte zu einer „zunehmenden interkonfessionellen Verflechtung der ehemals nebeneinander existierenden rein konfessionellen Gemeinwesen"[12], vor allem in der zweiten Hälfte des 20. Jahrhunderts. Die 50er-Jahre des 20. Jahrhunderts können mit Karl Gabriel als „Höhepunkt institutioneller Sicherung und Verfestigung [sc. der kirchlich verfassten Religion]"[13] gelten.

Diese interkonfessionelle Verflechtung der Lebensbezüge ließ einen Bedarf an Möglichkeiten gemeinsamer geistlicher Aktivitäten entstehen. Hier wurde die Frage nach der Konfessionalität eines solchen Gottesdienstes unausweichlich. Dies betraf vor allem Eheschließungen und Einweihungshandlungen von kommunalen Einrichtungen, die von Angehörigen beider Konfessionen gleichermaßen genutzt wurden. Das Phänomen interkonfessioneller Gottesdienste erschließt sich damit nicht allein durch theologische Erkenntnisfortschritte der getrennten Konfessionskirchen, sondern auch wesentlich durch die spezifisch deutsche Geschichte des Zusammenlebens getrennter Konfessionen, wobei diese beiden Faktoren untrennbar zusammengehören.

---

[12] H. Geller, / E. Pankoke, / K. Gabriel, (Hg.), Ökumene und Gemeinden. Untersuchungen zum Alltag in Kirchengemeinden, Forschung Soziologie 147, Opladen 2002, 12.
[13] Gabriel, Christentum, 147.

4. ÖKUMENISCHE GOTTESDIENSTE PARTIZIPIEREN AN DEN
ERSCHEINUNGEN DES KONFESSIONELLEN GOTTES-
DIENSTLEBENS EBENSO WIE AN DEN VERÄNDERUNGS-
PROZESSEN DES KIRCHLICH-RELIGIÖSEN LEBENS
ÜBERHAUPT.

Es ist hier nicht der Ort, eine ausführliche Analyse von
Religion und Kirche in der Gegenwart zu entfalten.
Hierzu sei auf die kürzlich erschienene und gerade
auch in ökumenischer Hinsicht hochinteressante Studie von Thomas Großbölting verwiesen.[14] Wir stehen in
jedem Fall in einem Transformationsprozess, zu dem
zwei für die Ökumene wichtige Aspekte gehören. Die
Deinstitutionalisierung von Religion (kurz gesagt: Religion ja, aber nicht unbedingt im Kontext der Institution
Kirche) und die Entkonfessionalisierung der bundesdeutschen Gesellschaft, nämlich dass die traditionellen
Konfessionsgegensätze an Bedeutung verlieren. In dieser Zeit sind die Kirchen und Gemeinden vor allem mit
sich selbst und mit der Wahrung des Eigenen beschäf-
tigt.
Diese Transformationsprozesse von Religion in
Deutschland wirken sich auch auf das Miteinander und
Zueinander der getrennten Konfessionen aus. Der
ökumenische Aufbruch der Kirchen in der zweiten Hälfte des 20. Jahrhunderts findet interessanterweise in
einer Zeit statt, in der in Deutschland die konfessionellen Differenzen und die kirchlichen Formen der Religion
zunehmend an Bedeutung verlieren. Ökumene, die sich
mit der anzustrebenden Einheit getrennter Konfessionskirchen befasst, ist damit zu einem generationen-
spezifischen Thema geworden. In den Kirchengemeinden hat sich in den letzten 40 Jahren in mehrfacher
Hinsicht ein ökumenischer Generationswechsel vollzogen.[15] Ökumene, die sich mit der Einheit getrennter

---

[14] Th. Großbölting, Der verlorene Himmel. Glaube in Deutschland seit 1945, Göttingen 2013.
[15] Zur Bedeutung des Generationenwechsels in ökumenischen

Kirchen befasst, hat vor allem diejenigen bewegt, die das kirchlich-ökumenische Klima vor dem Zweiten Vatikanum und die ersten Jahre danach selbst erlebt haben. Inzwischen sind Gemeindeglieder und Theologen – je jünger, umso mehr – mit der Ökumene wie selbstverständlich aufgewachsen. [16] Interkonfessionelle Begegnung und Verständigung sind weitgehend zur Normalität geworden und haben dadurch den Charakter des Außerordentlichen und Besonderen, aber auch des Notwendigen verloren. [17] Seit dem Zweiten Vatikanischen Konzil und den 68er-Zeiten ist eine neue Generation katholischer Pfarrer und evangelischer Geistlicher nachgewachsen. War die Ökumene vor Ort in den 70er- und frühen 80er-Jahren vor allem eine „Ökumene von unten", unter Umständen auch als konstruktiver Ungehorsam, so ist die nachgewachsene Generation römisch-katholischer Verantwortungsträger darum bemüht, den kirchenrechtlich vorgegebenen Rahmen nicht zu verlassen.[18]

Die Krise der Ökumene, von der oft die Rede ist, ist nicht nur eine *ökumenisch-theologische* Krise, sondern spiegelt vor allem auch die je eigene Krise der beiden Großkonfessionen in Deutschland, die kontinuierlich Mitglieder verlieren und um ihre gesellschaftliche Relevanz und Anerkennung ringen.

Gemeindezentren vgl. G. Hagmann, Ökumenische Zusammenarbeit unter einem Dach. Eine Studie über evangelisch-katholische Zusammenarbeit, APrTh 32, Leipzig 2007, 244-246.

[16] Joseph Ratzinger stellt bereits 1982 fest, dass die Ökumene in den Gemeinden bereits zum „Allgemeingut" und zur Routine geworden sei und dass nun neue Pioniere für ökumenische Fortschritte nötig seien. Vgl. J. Ratzinger, Theologische Prinzipienlehre. Bausteine zur Fundamentaltheologie, München 1982, 327.

[17] Vgl. Geller/Pankoke/Gabriel, 369.

[18] Vgl. Geller/Pankoke/Gabriel, 369.

5. ÖKUMENISCHE GOTTESDIENSTE SIND ORTE GEMEINSAMER KONTINGENZBEWÄLTIGUNG IN EINER RELIGIÖS BEWUSST PLURALEN GESELLSCHAFT.

Die Anlässe für ökumenische Gottesdienste lassen sich mit Hermann Lübbe auch als Kontingenzerfahrungen einer Gesellschaft umschreiben, die nach Bewältigung im Sinne von Anerkennung verlangen.[19]
Die Religion hört im Zeichen der Entkonfessionalisierung und Deinstitutionalisierung nicht auf zu existieren, sondern sie sucht sich autonom neue individuelle Formen. Lübbe zeigt, dass Religion als anthropologisches Universale prinzipiell aufklärungsresistent ist und durch nichts anderes als durch Religion ersetzt werden kann. Analog dazu kann auch über den für die theologische Ökumene bedeutsamen Entkonfessionalisierungsprozess gesagt werden, dass sich dieser „zu den Bedingungen der Nötigkeit religiöser Kultur prinzipiell indifferent verhält"[20]. Religion, so Lübbe, hat es mit denjenigen Kontingenzen zu tun, die sich unter keinen Umständen in Handlungssinn transformieren lassen.[21]
„In der Daseinskontingenz vergegenwärtigenden Frage, wieso wir überhaupt sind und nicht vielmehr nicht sind, ist selbstverständlich die ganze Fülle der Lebenstatsachen einzuschließen, die, statt Resultat selbstverantworteter Sinnstiftungsakte zu sein, ganz unabhängig von unseren Stiftungsverfügungen unhintergehbare Elemente unserer Identität bereits festgelegt haben."[22]
Ökumenische Gottesdienste finden vielfach zu solchen Anlässen statt, an denen sich die religiös plurale Gesellschaft der Kontingenz ihres eigenen Seins und des Seins ihrer einzelnen Mitglieder bewusst wird. So sind

---

[19] Vgl. H. Lübbe, Religion nach der Aufklärung, Graz – Wien – Köln 1986, 144-178.
[20] Lübbe, Religion nach der Aufklärung, 131.
[21] Vgl. Lübbe, Religion nach der Aufklärung, 154.
[22] Lübbe, Religion nach der Aufklärung, 159.

in der Gegenwart neben allem Traditionsabbruch die religionsproduktiven Tendenzen unübersehbar.[23]

Die Gefahr, die hier lauert, besteht darin, den ökumenischen Gottesdienst als Korrelat zur modernen Patchwork-Religiosität zu begreifen. Gemeinsam mit dem katholischen Systematiker Hans-Joachim Höhn müssen „theologische Beobachter einer Wiederkehr des Religiösen diesseits und jenseits der Kirchen [...] zugeben, dass es sich bei den verschiedenen Formen disperser Religiosität vielfach um eine dogmatisch ‚entkernte' Spiritualität und um die ‚Light-Versionen' eines religiösen Ethos handelt. Für das Christentum ist die dogmatisch „deregulierte" diakonisch passive, politisch enthaltsame und ethisch weitgehend anspruchslose „Individualreligion" nur in sehr engen Grenzen ein mögliches Vorbild."[24] Der ökumenische Gottesdienst hat in der Praxis und Theorie die Aufgabe, das Vakuum der Gesellschaft, das zu bestimmten Anlässen nach einer gemeinsamen und verbindenden Religion verlangt, *vorübergehend*[25] dezidiert christlich-liturgisch zu füllen.

Ökumenische Gottesdienste haben offensichtlich eine besondere Affinität zur gegenwärtigen Religionskultur. Darin liegt ihre besondere missionarische Chance, nämlich Menschen verschiedenster konfessioneller und religiöser Prägung mit pastoralem Gespür für die Atmo-

---

23 Vgl. z.B. Gabriel, Christentum, 157-163.

24 H.-J. Höhn, Postsäkular. Gesellschaft im Umbruch – Religion im Wandel, Paderborn u. a. 2007, 52.

25 Der ökumenische Gottesdienst hat aus zweierlei Gründen den Charakter des *Vorübergehenden:* Erstens gibt es nicht *die* christliche Religion, sondern nur verschiedene Konfessionskirchen, die den ökumenischen Gottesdienst verantworten und gestalten. *Zweitens* ist der ökumenische Gottesdienst in der Regel nicht auf Wiederholung angelegt. Mit dem Vorübergehen des Anlasses wird auch das Vakuum einer gemeinsamen Religion nicht mehr als Mangel empfunden, und so erledigt sich auch der ökumenische Gottesdienst. Man kann im ökumenischen Gottesdienst praktizierender Kirchenchrist auf Zeit und bei Bedarf sein.

sphäre und den Anlass in den Dialog des Dreieinen Gottes mit seinem Volk hineinzunehmen und dadurch Menschen an den christlichen Glauben heranzuführen und für das Christentum zu gewinnen bzw. sie in ihrem Glauben zu stärken. In dieser Affinität zur gegenwärtigen Religiosität liegt jedoch auch die Gefahr, dass ökumenische Gottesdienste zu Exponenten und Vehikeln einer religiös diffusen und unbestimmten Gesellschaft werden.

6. JEDER CHRISTLICHE GOTTESDIENST IST WESENTLICH ÖKUMENISCH UND KATHOLISCH, WEIL ER EVANGELISCH UND SOMIT ORTHODOX IST.

Der christliche Glaube beansprucht, universal gültig, für alle Menschen aller Zeiten und Orte unverzichtbar, heilsrelevant, wertvoll und insofern ökumenisch, nämlich auf die Menschheit und Kirche des ganzen bewohnten Erdkreises gerichtet zu sein.
Ökumenizität und Katholizität gehören zum theologischen Wesen des christlichen Glaubens und seines Lebenszentrums, also des Gottesdienstes, wie ja auch die Kirche Jesu Christi immer zugleich lokal und universal ist. Dass der christliche Gottesdienst immer ökumenisch und katholisch im Sinne von „allumfassend" ist, realisiert sich nicht zuletzt an und in den einzelnen liturgischen Grundvollzügen.[26] Dementsprechend bean-

---

[26] Zur systematisch-theologischen Bedeutung des Gottesdienstes sei hier auf die Veröffentlichungen von J. Arnold hingewiesen, besonders: Theologie des Gottesdienstes. Eine Verhältnisbestimmung von Liturgie und Dogmatik, VLH 39, Göttingen 2004, kürzlich als Kurzfassung und auch für nichtakademische Theologen überarbeitet erschienen unter dem Titel: Was geschieht im Gottesdienst? Zur theologischen Bedeutung des Gottesdienstes und seiner Formen, Göttingen 2010. Außerdem verweise ich hier auf meinen eigenen Entwurf einer ökumenischen liturgisch-ekklesiologischen Deutung des Gottesdienstes: F. Ihsen, Eine Kirche in der Liturgie. Zur ek-

sprucht *jeder* (konfessionelle) Gottesdienst sowohl nach evangelisch-lutherischem als auch nach römisch-katholischem Verständnis, ökumenisch und katholisch, nämlich eingebunden zu sein in die eine Kirche, das eine universale Netz Gottesdienst feiernder Gemeinschaften zu allen Zeiten und an allen Orten. Joseph Ratzinger und die Eucharistieenzyklika machen dies auf ihre Weise ebenso deutlich wie von evangelischer Seite Wolfhart Pannenberg und Gunther Wenz in Anschluss an CA 7; auf orthodoxer Seite wäre die eucharistische Ekklesiologie etwa bei Johannes Zizioulas zu nennen. Es ist ein Grundanliegen gerade der so genannten Liturgischen Theologie, den engen Zusammenhang von Gottesdienst und Kirchenverständnis zu betonen und in der Liturgie feiernden Gemeinde den Prototyp von Kirche zu sehen.[27]

Die von den konfessionellen Traditionen behauptete und beanspruchte Katholizität und Ökumenizität ihrer jeweiligen Gottesdienste macht die so genannten „ökumenischen" Gottesdienste zunächst einmal fragwürdig, ja entbehrlich (was sie ja in der Praxis auch sind). Der katholisch verstandene und gefeierte Gottesdienst der eigenen Konfession und Ritusgemeinschaft ist sich selbst genug. Dies gilt für römische, für lutherische, ja für jede konfessionelle Liturgie.

Nun gibt es aber in der Praxis Gottesdienste, die ökumenisch genannt werden. Daneben gibt es Gottesdienste, die nicht ökumenisch genannt werden, sondern stattdessen als „evangelischer Gottesdienst", „katholischer Gottesdienst" und „orthodoxe Liturgie" – und somit, entgegen ihrer Selbstbezeichnung und ihrem theo-

---

klesiologischen Relevanz ökumenischer Gottesdienstgemeinschaft, Göttingen 2010, bes. 153ff.

[27] Eine gründliche und lesenswerte Studie der wichtigsten liturgisch-theologischen Ansätze aus den unterschiedlichen Konfessionen liegt inzwischen vor: M. Ploeger, Celebrating Church. Ecumenical Contributions to a Liturgical Ecclesiology, Egmond aan Zee 2007.

logischen Selbstverständnis, als „nicht-ökumenisch" –
gelten. Es ist offensichtlich, dass die kirchliche Praxis
an dieser Stelle besonders eklatant die Gespaltenheit
der Kirche Jesu Christi und ihrer Gottesdienste spiegelt. Orthodox, katholisch, evangelisch und auch ökumenisch: „das sind in erster Linie nicht Denominati-
onsbezeichnungen, sondern Wesensbestimmungen und
elementare Charakteristika, die für das Kirchesein von
Kirche überhaupt bestimmend sind"[28] (Gunther Wenz).

7. Jeder konfessionelle Gottesdienst ist „Feiern
    in Gegenwart des Anderen"[29]. Dies zeigt sich
    gerade auch im liturgischen Vollzug, dessen
    Gestalt sich oft auch den liturgischen
    Austauschbeziehungen zwischen den
    Konfessionen verdankt.

Die katholisch-ökumenische Verbundenheit eines jeden
christlichen Gottesdienstes, die im einen Evangelium
und im einen rechten Lobpreis gründet, bedeutet, dass
auch jeder konfessionelle Gottesdienst immer in Verbundenheit mit den anderen Christen und Kirchen,
auch mit den getrennten Kirchen, steht. Man kann
nicht Gemeinschaft mit Christus haben ohne die anderen, die zu ihm gehören, an ihn glauben, in Gemeinschaft mit ihm stehen. Steil gesagt: Auch der „rein"
evangelische Gottesdienst steht als christlicher Gottesdienst in der Gemeinschaft mit allen, die zu Christus

---

[28] G. Wenz, „Es weiß gottlob ein Kind von 7 Jahren, was die
Kirche sei" (ASm III). Von der Katholizität evangelischer Ekklesiologie, in: S. Hell, (Hg.), Katholizität. Konfessionalismus
oder Weltweite? Beiträge der Ökumenischen Forschungsprojekt-
gruppe an der Katholisch-Theologischen Fakultät Innsbruck, Innsbruck – Wien 2007, 133-147, hier: 136.
[29] P. Cornehl, Gemeinschaft beim Herrenmahl? Probleme –
Fragen – Chancen, in: E. Pulsfort / R. Hanusch, Von der „Gemeinsamen Erklärung" zum „Gemeinsamen Herrenmahl"?
Perspektiven der Ökumene im 21. Jahrhundert, Regensburg
2002, 195-216, hier: 198.

gehören, auch mit dem Bischof von Rom, natürlich mit dem Ökumenischen Patriarchen. Und umgekehrt ist der katholische Gottesdienst keine Darstellung der Einheit des Leibes Jesu Christi, wenn rechtmäßige Glieder dieses Leibes, nämlich evangelische, anglikanische und orthodoxe Christen aus Prinzip die Kommunion nicht empfangen können.

Christlicher Gottesdienst ist immer Feiern in Gegenwart der anderen – auch wenn diese nicht leiblich gegenwärtig sind. Dies zeigt sich sinnenfällig an der liturgischen Gestalt. Im 20. und 21. Jahrhundert hat es zahlreiche liturgische Austauschbeziehungen zwischen den Kirchen gegeben. Unsere gegenwärtigen Agenden und Gesangbücher zeugen reichlich davon. Da sind die so genannten ö-Lieder, die Gesänge aus Taizé, aus der Orthodoxie, das evangelische Kirchenlied im katholischen Gotteslob, die Wiederentdeckung der ökumenisch-altkirchlichen eucharistischen Struktur in der protestantischen Abendmahlsliturgie. Ist hier nicht auch und primär von ökumenischer Liturgie zu sprechen?

Und nicht zuletzt die Grundvollzüge des Gottesdienstes: Schriftlesung – Gebet – Predigt – Credo – das Messordinarium – das Eucharistiegebet des Hippolyt – ist nicht auch hier von ökumenischer Liturgie zu sprechen? Hat nicht die Ökumenizität des liturgischen Vollzuges im Zweifelsfall Vorrang vor den Etiketten der Konfessionszugehörigkeit der leitenden Liturgen? Hier besteht dringender geistig-geistlicher Vertiefungsbedarf darin, dass unsere scheinbar getrennten Gottesdienste historisch und theologisch aus einer gemeinsamen Tradition schöpfen und sich wesentlich auch der Eigentradition anderer Konfessionen verdanken.

Insofern besteht die ökumenische Aufgabe der getrennten Kirchen nicht primär darin, das „gemeinsame" Abendmahl zu „erlauben". Die Argumentation, die Basis sei schon viel „weiter" als die bremsende „Kirchenleitung", die doch endlich etwas liberaler und toleranter sein solle, mag im Kontext der Anfangsjahre der öku-

menischen Bewegung und der Denkströmung der 60er-
und 70er-Jahre und auch unter den Bedingungen heu-
tiger Institutionskritik überzeugend sein und immer
wieder Applaus ernten. In dieser Logik stehen auch jene Formen eucharistischer Gemeinschaft, die aus orthodoxer und römisch-katholischer Sicht nicht erlaubt
sind. Jenes basisorientierte Denken verkennt aber,
dass man Liturgie als Feier der Einheit der Kirche aufrichtig nicht feiern kann in Opposition gegen jene Personen und Gruppen, deren Dienst der Einheit der Kirche in besonderer Weise zu dienen hat.

III. KONFESSIONELL GETRENNTES ABENDMAHL
    AM SAMSTAGABEND DES ÖKT – TROTZDEM EIN
    ÖKUMENISCHES HOFFNUNGSZEICHEN

Der 2. ÖKT in München hat einen Brauch des Berliner
ÖKT fortgesetzt und am Samstagabend konfessionell
getrennte Gottesdienste mit Abendmahl bzw. Eucharistie stattfinden lassen. Hierzu wurde ein bemerkenswer-
tes Materialheft herausgegeben, auf das ich mich im
Folgenden beziehe.[30]
Das Materialheft beginnt mit einem Kapitel „Ökumenisch sensibel Abendmahl und Eucharistie feiern"
(5-12), das durchgängig lesenswert ist für römisch-
katholische und protestantische Christen. Eigens er-
wähnen möchte ich die „Besinnung auf die stiftungs-
gemäße und ursprungsgetreue Gestalt der Liturgie" (6f)
sowie die „Sieben Anregungen für ökumenisch sensible
konfessionelle eucharistische Liturgien" (11f), die für
Praxis und Theorie des evangelischen und des katholischen Gottesdienstes erstaunliche Impulse enthalten,
die noch lange nicht von allen beherzigt sind, die öku-

---

[30] Damit sie alle eins seien. Materialheft Konfessionelle Gottesdienste am Samstagabend, 2. Ökumenischer Kirchentag
München (Hg.), Wuppertal 2010. Die im Text genannten Sei-
tenzahlen beziehen sich auf dieses Heft.

menische Fortschritte anmahnen. Es folgt je ein Kapitel zum evangelischen (13-27) und katholischen (28-42) Abendmahlsgottesdienst und zur orthodoxen Vesper (43-56). Den liturgischen Vorschlägen zu diesen Gottesdiensten ist jeweils eine kurze theologische Einführung vorgeschaltet.

In der Einführung zum evangelischen Abendmahlsgottesdienst wird als erster zentraler Aspekt genannt: „Das Abendmahl gehört zum sonntäglichen Gottesdienst" (13), ja mehr noch: Der sonntägliche Abendmahlsgottesdienst ist der „Mittelpunkt christlicher Identität" (13). Was in einigen Gemeinden in der Praxis noch nicht der Fall ist und sicher bei manchem Protestanten noch Befremden auslöst, wird hier an erster Stelle genannt. Außerdem kann sich diese These auf einen relativ breiten Konsens der Systematischen und der Praktischen Theologie stützen. Erstaunlich nur, dass am Sonntag des ÖKT-Schlussgottesdienstes kaum eine evangelische Abendmahlsfeier in München stattfand. Der Trend ist jedoch unübersehbar: „Das Abendmahl wird wieder häufiger gefeiert" (14).

Bemerkenswert ist in der evangelischen Einführung weiterhin, wie das Feierabendmahl theologisch zum Abendmahl in Bezug gesetzt wird. Beim Feierabendmahl werden der Gemeinschaftscharakter, die ethische und die eschatologische Dimension des Abendmahls hervorgehoben. Ausdrücklich wird das Feierabendmahl als „Form des Abendmahls" (15) betont. Das Feierabendmahl ist also theologisch nichts anderes als das Abendmahl, vielmehr eine besondere Gestaltungsform desselben.

Eine weitere, ökumenisch brisante Frage besteht darin, wer zur Leitung der Abendmahlsfeier befugt ist. Hier wird die Position der Bischöfe der VELKD von 2006 vertreten, dass hierzu die ordnungsgemäße Berufung nötig ist, die regulär in der Ordination, also der Segnung, Berufung und Sendung unter epikletischem Gebet und Handauflegung erfolgt, wobei das „rite vocatus" auch andere Berufungen unter Gebet und Handauflegung einschließt. Entscheidend ist hier nicht die Nomenklatur des Bevollmächtigungsaktes, sondern dessen innerer Sinn, der sich in den liturgischen Akten von Gebet und Handauflegung selbst expliziert. Ökumenisch hilfreich wäre hier der Hinweis gewesen, dass die Beauftragung von Prädikanten oder Vikaren theologisch-liturgisch identisch mit der Ordination ist und sich lediglich auf der kirchenrechtlichen Ebene hinsichtlich des Umfangs der Beauftragung von der Ordination unterscheidet. Ist es außerdem, so ist weiter zu fragen, nur die Kirchen*leitung*, die ordiniert bzw. „ordnungsgemäß beruft"? Ist es nicht immer die feiernde Gemeinde als Primärgestalt der Kirche, die ordinierend handelt, wenn sie den Ordinationsgottesdienst gemeinsam mit der Bischöfin oder dem Bischof feiert? Hier gäbe es ordinationstheologisch noch viel weiterzudenken und zu diskutieren, was eine liturgische Arbeitshilfe natürlich nicht leisten kann und muss.

Theologisch und spirituell hilfreich wäre ein Gesamtrahmen der unterschiedlichen theologischen Akzente des (Feier-)Abendmahls gewesen. Das Stichwort „Christusbegegnung" (13) bietet m. E. dafür eine geeignete theologische Rahmendeutung des Gottesdienstes.

Ungeachtet möglicher Nachfragen im Detail liegt hier eine ökumenisch-theologisch sensible Einführung zum evangelischen Feierabendmahl vor, die – so mein Urteil – in den wesentlichen abendmahlstheologischen Aussagen mit dem katholischen Eucharistieverständnis kompatibel ist.

Ökumenisches Lob verdient ebenso die Einführung in die katholische Eucharistiefeier. Ausführlich werden hier Sinn und Notwendigkeit des weihegebundenen Amtes referiert, worin sicher eine Kerndifferenz zwischen den Konfessionen besteht, die die Abendmahlsgemeinschaft nach wie vor verhindert. Die Theologie des römisch-katholischen Amtes wird hier jedoch so entfaltet, dass evangelische Theologie nicht um jeden Preis widersprechen muss. So heißt es etwa: „Nach römisch-katholischer Lehrtradition kann nur ein dazu berufener, unter Gebet und Handauflegung für diesen Dienst geweihter Priester oder Bischof der Feier der Eucharistie vorstehen" (29). Man beachte, dass Priester bzw. Bischof zum jeweiligen Dienst „berufen" (gewissermaßen „rite vocatus") sind, was inhaltlich konkretisiert wird als Weihe unter Gebet und Handauflegung. Die Parallelität zur evangelischen Ordination, die ihren Kernritus ja auch in Gebet und Handauflegung hat, liegt auf der Hand, wenngleich die Redeweise von „Weihe" in evangelischer Sicht erläuterungsbedürftig, aber auch erläuterungsfähig ist.

Worin besteht nun das Spezifikum des weihegebundenen Amtes, dessen „Dienst ... von keinem Laien vertreten werden (kann)" (29)? „In der Anamnese (Vergegenwärtigung der Erlösung in Jesus Christus) und in der Epiklese (bittende Anrufung des Heiligen Geistes um seine Gegenwart) besteht der eucharistische Dienst der amtlichen Vorsteher in der Feier der Eucharistie" (29), so die Antwort der Einführung. Diese Antwort irritiert. Kann der liturgische Dienst eines Einzelnen in der liturgischen Vergegenwärtigung des Heilswerks Christi und der Anrufung des Heiligen Geistes bestehen? Anamnese und Epiklese sind zunächst Sequenzen des Hochgebetes, die der Vorsteher im Wir-Stil, also im Namen einer versammelten Gemeinde und im Namen der una sancta catholica spricht; insofern sind Anamnese und Epiklese Akte der gottesdienstlichen Gemeinde und der ganzen Kirche und nicht nur einzelner beauftragter Geweihter. Die ekklesiologisch und ökumenisch brisante Frage lautet vielmehr, wer die versammelte Gemeinde und die Kirche als Ganze unter welchen theologischen, liturgischen und kirchenrechtlichen Bedingungen authentisch und vollmächtig repräsentieren darf. Anders formuliert: Wer ist berechtigt und bevollmächtigt, in nomine ecclesiae zu sprechen und zu beten? In dieser Frage besteht letztlich der entscheidende ökumenische Kernkonflikt.

Zur katholischen Einführung sei bemerkt, dass sie über die Frage der Zulassung nicht-römisch-katho-

lischer Glieder zur römisch-katholischen Eucharistiefeier schweigt. Das ist bedauerlich im Blick auf die Angehörigen der orthodoxen Kirchen, die aus römisch-
katholischer Sicht durchaus zur katholischen Eucharistie zugelassen sind. Das Schweigen ist jedoch ökumenisch sensibel in Blick auf die Angehörigen anderer
kirchlicher Gemeinschaften, also evangelische, altkatholische, anglikanische, methodistische und andere
getaufte Christen, die aus der Sicht römisch-katholischer Lehre regulär nicht zum Empfang der Kommunion zugelassen sind. Die Arbeitshilfe nimmt hier – wohl
bewusst – eine Grauzone in Kauf, die es ermöglicht,
dass Christen anderer Konfessionen, die die ökumenisch sensible Liturgie des Römischen Ritus in diesem
Gottesdienst bejahen können, auch die Kommunion
empfangen können. Der Liturgie wird zugetraut, selbst
authentisch genug das römisch-katholische Eucharis-
tie- und Kirchenverständnis zu explizieren, wozu sich
der einzelne Christ dann in freier Gewissensentschei-
dung verhalten kann und soll, konkret durch das Amen
zum Eucharistischen Hochgebet und zum Empfang der
Mahlgabe.

Zu den liturgischen Vorschlägen für den evangelischen
und den katholischen Abendmahlsgottesdienst am
Samstagabend sei bemerkt, dass sie größtenteils wört-
lich übereinstimmen, sowohl in der Lied- und Textaus-
wahl als auch in den Lesungen.

Die drei römischen Orationen aus dem römisch-
katholischen Messformular sind ökumenisch gut ver-
träglich. Für die eucharistische Liturgie ist das „Hochgebet für besondere Anliegen I" vorgesehen, das so formuliert ist, dass auch evangelische Christen dazu
Amen sagen könnten: „Wir feiern das Opfer Christi, das
er uns anvertraut hat. Er hat sich für uns hingegeben
und schenkt uns Anteil an seinem Leib und Blut. Wir
bitten dich: Schau gütig auf die Gabe deiner Kirche
[...]" (40). Möge es der katholischen Kirche öfter ein „besonderes Anliegen" sein, ökumenisch sensibel mit diesem Hochgebet zu feiern und andere liturgische Texte,

etwa das Erste Hochgebet, zu vermeiden. Dass die katholische Eucharistie „in der Gemeinschaft mit unserem Papst Benedikt, unserem Bischof Reinhard und allen Bischöfen" (40) gefeiert wird, sollte nicht nur nicht verwundern, sondern hoffentlich auch für die Christen und Gottesdienste anderer Konfessionen gelten, ohne damit die im Gebet vollzogene Gemeinschaft bereits als Lehr- und Jurisdiktionsgemeinschaft engzuführen.

Die Liedvorschläge für das Feierabendmahl und die Vorabendeucharistie sind identisch, ebenso die Lesungen (das katholische Formular hat noch eine dritte Lesung). Gerade mit Blick auf die wortgleichen Lieder in den konfessionellen Gottesdiensten am Samstagabend des ÖKT ist mit der renommierten Hymnologin Christa Reich zu fragen: „Wenn man verantwortete, was man selbst singt, und ernst nähme, dass man es gemeinsam mit den getrennten Anderen singt: Was bedeutete es für das ökumenische Miteinander?"[31]

Ich halte die konfessionellen Gottesdienste in ökumenischer Offenheit, wie sie am Samstagabend gehalten wurden, für mustergültige Beispiele ökumenisch sensiblen Feierns, das nicht auf Kirchentage und besondere Anlässe beschränkt bleiben darf. Solche Abendmahlsfeiern sind theologisch und ökumenisch wesentlich überzeugender als halboffizielle und von einer Kirchenleitung ausdrücklich untersagte Gottesdienstformen.

Ob allerdings die Frage, welche Kirche wen zu wessen Mahl zulässt, die Situation entkonfessionalisierter und deinstitutionalisierter Christlichkeit überhaupt noch trifft? Setzt nicht die Frage der (selbstverständlichen) Zugehörigkeit zu einer bestimmten Konfessionskirche ein kirchliches Christentum voraus, das es in der Frühphase der ökumenischen Bewegung in Deutschland noch gab, heute aber nicht mehr? Mir erscheint die orthodoxe Artoklasia des Münchener Kirchentages

---

[31] Chr. Reich, „ö"? Eine Anfrage an die Theologie, in: MuK 78, 2008, 6-11, hier: 11.

als Liturgie für das Volk wesentlich zukunftsweisend, da niederschwellig. Die Frage nach erlaubter und verbotener Abendmahlsgemeinschaft betrifft quantitativ gesehen nur einen relativ kleinen Teil der evangelischen und katholischen Kirchenchristen, sosehr Abendmahlsgemeinschaft Mitte und Ziel ökumenischer Bestrebungen bleibt und aus sachlichen Gründen auch bleiben muss. Ökumenische Gottesdienste stehen in einer postkonfessionellen Gesellschaft vor neuen Aufgaben, die es ins Auge zu nehmen gilt. Wie Gott feiern und von Gott reden in einer Gesellschaft, die nicht (mehr) christlich ist, der Gebet, Gottesrede und theologische Zusammenhänge unbekannt sind?

Im gottesdienstlichen Bereich hat sich im 20. Jahrhundert viel getan. Den evangelischen Gottesdiensten liegt wieder mehr an ästhetisch-liturgischer Gestaltung und Form sowie der Reflexion der Liturgie,[32] die katholischen Gottesdienste hingegen sind inhaltlich evangelischer geworden, namentlich durch die Aufwertung der regelmäßigen Predigt und durch die Einführung der Landessprache in der Liturgie.

Trotzdem bleiben konfessionelle Profile in der Gottesdienstkultur, was kein Schade sein muss. Ökumenische Gottesdienstkultur sollte – gerade auch angesichts der kleiner werdenden Großkirchen – auch die zahlenmäßig kleineren Kirchen im Blick haben, etwa die Alt-Katholiken, die Anglikaner und Methodisten, mit denen die evangelischen Kirchen bereits ein hohes Maß an gottesdienstlicher Gemeinschaft vollziehen können. Rom muss nicht der einzige Nabel und Bezugspunkt der Ökumene sein. Und weiterhin herrscht m. E. dahingehend Reform- und Reflexionsbedarf, was ein ökumenischer Gottesdienst ist und unter welchen Bedingungen eine liturgische Feier das Etikett ökume-

---

[32] Vgl. dazu exemplarisch: A. Deeg, Das äußere Wort und seine liturgische Gestalt. Überlegungen zu einer evangelischen Fundamentalliturgik, APTLH 68, Göttingen 2012, sowie die Veröffentlichungen von J. Neijenhuis.

nisch tragen darf. Vor allem die Frage nach dem „gemeinsamen Abendmahl" ist hochgradig differenzierungsbedürftig, wer denn eigentlich was mit wem gemeinsam tut und wer wen wozu einlädt oder auch nicht. Ökumenische Gottesdienstpraxis ist m.E. nicht nur dort zu suchen, zu erwarten oder zu fordern, wo Amtsträger verschiedener Konfessionen gelegentlich gemeinsame Feiern verantworten, so wünschens- und fördernswert diese unbedingt sind. Ökumenische Gottesdienstpraxis beginnt dort, wo die sonntäglichen konfessionellen Gottesdienste in Verbundenheit mit der una sancta ecclesia catholica bewusst ökumenisch gefeiert und somit für die Schwesterkonfessionen als Verwirklichungsform des christlichen Gottesdienstes und als Präsenzraum des einen und trotz bestehender Konfessionsgrenzen ein- und desselben dreieinen Gottes erkennbar werden. Dass Ökumene ursprünglich ein säkularer Begriff war, könnte unter unseren gegenwärtigen religiösen und kulturellen Bedingungen noch in anderer Hinsicht neu von Bedeutung werden. Wie ökumenisch sind eigentlich unsere Gottesdienste und kirchlichen Aktivitäten hinsichtlich derjenigen, die keinen Bezug (mehr) zum Christentum gleich welcher Konfession haben?

Hanns Kerner

Zwischen Lust und Frust

Ökumenische Feiern aus der Sicht von Teilnehmenden

Die Vielfalt ökumenischer Feiern[1] ist ein Zeichen lebendiger Ökumene. Sehr oft werden diese Feiern aus der Sicht der Kirchenleitungen oder aus dem Blickwinkel der Pfarrer und Pfarrerinnen betrachtet. Die Ansichten der Teilnehmenden werden zumeist in Konfliktbereichen wahrgenommen, insbesondere bei der Forderung nach einer gemeinsamen Feier der Eucharistie. Es gibt allerdings sehr viel mehr zu betrachten. Deshalb sollen hier Einstellungen, Motivationen und Erwartungen von Teilnehmenden an ökumenische Feiern angesehen werden. Das reiche empirische Material aus Gottesdienstuntersuchungen wird herangezogen, um eine Skizze von denjenigen Faktoren zu zeichnen, die für ökumenische Feiern von Interesse sind.[2]

---

[1] Insbesondere Gemeindegottesdienste (z. B. Gottesdienst am Buß- und Bettag; Tauferinnerungsgottesdienste), regelmäßig wiederkehrende Feiern (Weltgebetstag, Woche für die Einheit, Semestereröffnung, Schulanfangsgottesdienst etc.), Feiern zu besonderen Anlässen (z. B. Einweihungen, gesellschaftliche Anlässe wie Stadtteilfest, Katastrophe oder Amoklauf, Gottesdienste in Krankenhäusern, Alten- und Pflegeheimen, Behinderteneinrichtungen etc.) oder gemeinsame Tagzeitengebete und Andachten.

[2] Dabei werden sowohl spezielle Untersuchungen wie auch relevante Ergebnisse aus allgemeinen Untersuchungen zum Gottesdienst herangezogen. Vgl. zum Folgenden: W. Huber / J. Friedrich u. a. (Hg.), Kirche in der Vielfalt der Lebensbezüge. Die vierte EKD-Erhebung zur Kirchenmitgliedschaft, Gütersloh 2006; M. König, Wir haben die Herrlichkeit Gottes gesehen. Woran Gläubige in Wien heute die Qualität einer Sonntagsmesse festmachen, Diss. Wien 2004; J. Körnlein, Gottes-

Allerdings kann aufgrund des vorliegenden empirisch erhobenen Materials nur eine flächige Skizze erstellt werden. Dabei werden nur jene ökumenischen Feiern fokussiert, die dezidiert als solche angekündigt und durchgeführt werden. Daneben gibt es den großen Bereich von Gottesdiensten, die durch die Zusammensetzung der Teilnehmenden ökumenisch sind. So sind beispielsweise Gottesdienste in Studierendengemeinden oder Krankenhäusern immer insofern ökumenische

---

dienst in einer komplexen Welt. Eine praktisch-theologische Untersuchung von Gottesdiensten im Zusammenspiel kirchlicher und gesellschaftlicher, individueller und kollektiver Faktoren, Diss. Neuendettelsau 1999; Konferenz der Evangelischen Liturgiekommissionen in der Schweiz, Ökumenische Gottesdienste. Antwort auf die Umfrage 2001 (http://www.liturgiekommission.ch/Dokumente/Oekumenische%20Gottesdienste.pdf); H. Kerner, Wie viel Ordnung braucht der Sonntagsgottesdienst? Ergebnisse zweier empirischer Untersuchungen, in: ders. (Hg.), Zwischen Heiligem Drama und Event. Auf dem Weg zu einer zukunftsfähigen Agende, Leipzig 2008, 7-21; ders., Predigt in einer polyphonen Kultur. Wahrnehmungen aus einer neuen empirischen Untersuchung unter evangelisch Getauften, in: ders. (Hg.), Predigt in einer polyphonen Kultur, Leipzig 2006, 7-27; D. Pollack, Gottesdienst in der modernen Gesellschaft. Religionssoziologische Beobachtungen und Deutungen, in: R. Morath / W. Ratzmann (Hg.), Herausforderung: Gottesdienst, Leipzig 1997, 47-63; B. Roßner, Das Verhältnis junger Erwachsener zum Gottesdienst. Empirische Studien zur Situation in Ostdeutschland und Konsequenzen für das gottesdienstliche Handeln, Leipzig 2005; J. Martin, Mensch – Alltag – Gottesdienst. Bedürfnisse, Rituale und Bedeutungszuschreibungen evangelisch Getaufter in Bayern, Berlin 2007; P. M. Zulehner, / M. Beranek / S. Gall / M. König, Gottvoll und erlebnisstark. Für eine neue Kultur und Qualität unserer Gottesdienste, Ostfildern 2004; K. Danzeglocke / A. Heye / S. A. Reinke, / H. Schroeter-Wittke (Hg.), Singen im Gottesdienst. Ergebnisse und Deutungen einer empirischen Untersuchung in evangelischen Gemeinden, Gütersloh 2011; U. Pohl-Patalong, Gottesdienst erleben. Empirische Einsichten zum evangelischen Gottesdienst, Stuttgart 2011.

Feiern, als sich dort Menschen verschiedener Konfession einfinden. Diese nach kirchenamtlicher Lesart konfessionellen Feiern werden nicht weiter in die Betrachtung einbezogen.

1. Motive, ökumenisch Gottesdienst zu feiern

Ganz eindeutig ist, dass Menschen an ökumenischen Feiern nur dann teilnehmen, wenn sie das Bedürfnis haben, dorthin zu gehen. Dabei steht jede ökumenische Feier wie jeder Gottesdienst in Konkurrenz zu vielen anderen Möglichkeiten, die Zeit zu nutzen. Wer lieber schön essen geht, wird dies genauso tun wie derjenige, der joggen möchte etc., wenn ihm das wichtiger ist als die ökumenische Feier. Wer also die Option „ökumenische Feier" wählt, der erwartet von ihr mehr als von anderen Dingen, die er bzw. sie zur selben Zeit machen könnte.

Ein zentrales Motiv ist dabei, etwas Positives für sich selbst aus der Feier herauszuziehen. Jeannett Martin hat das sehr schön mit „Selbstsorge" umschrieben.[3] Dabei kann es schon völlig ausreichend sein, wenn konstatiert wird: „Zusammen beten, singen und feiern tut gut."[4] Die positive Gemeinschaftserfahrung über Grundäußerungen christlichen Glaubens ist – wie bei anderen Gottesdiensten auch – ein starkes Motiv für eine Teilnahme. Die sehr oft anzutreffende unbestimm-

---

[3] Martin, Mensch – Alltag – Gottesdienst, 62: „Mit dem Bedürfnis nach Selbstsorge bezeichnen wir jene formulierten Sinnstrukturen und Handlungsmuster, bei denen die Sorge um das eigene Individuum, sein körperliches, psychisches und seelisches Wohlergehen im Vordergrund stehen. Dabei handelt es sich in der Regel um als wichtig erachtete, im individuellen Leben verankerte Handlungsstrategien bzw. Haltungen, die der situationsbezogenen Alltags- wie auch der langfristigen Lebensbewältigung dienen."

[4] Konferenz der Evangelischen Liturgiekommissionen in der Schweiz, 3.

te Aussage: „Das tut mir gut" weist auf Schichten inneren Erlebens, die in der Regel nicht näher beschrieben werden, vielleicht auch weil sie sich exakter Beschreibung entziehen.

Folgende Aussage einer Interviewten bringt eine weitere Dimension ins Spiel: „Dies [ökumenische Gottesdienst-Feiern, H. K.] ist eine bereichernde Erfahrung für alle, die glauben."[5] Die ökumenische Feier stellt einen positiv gefüllten Erfahrungsraum für Glaubende dar. In der Gemeinschaft der Glaubenden verschiedener Konfession erfahren Christinnen und Christen eine Bereicherung. So wird beispielsweise gesagt: „In einem ökumenischen Gottesdienst wird sichtbar, hörbar, erlebbar, dass die Kirche eine auf die Welt hin offene Gemeinschaft ist, dass sie anders, größer, fantasievoller ist, als wir es gewohnt sind."[6]

Für Menschen, die sich als christlich verstehen, sich aber nicht konfessionell gebunden fühlen, bilden ökumenische Gottesdienste eine Möglichkeit, ihrer Einstellung gemäß Gottesdienst zu feiern.[7] Auch hier wird die Gemeinschaftserfahrung als persönlicher Gewinn eingestuft.

2. Ökumenischer Gottesdienst als Symbol

Die ökumenische Feier stellt ein Symbol für die Einheit der Christen dar. Obwohl auf kirchenoffizieller Ebene der Einheit einiges im Wege steht, verstehen sich viele Kirchenmitglieder in erster Linie als Christinnen und Christen und erst in zweiter Linie als evangelisch, katholisch oder orthodox. Für sie zeigt sich die Einheit der Christen primär im gemeinsamen Gottesdienst. Genauso wie der Gottesdienst nach Meinung der Befrag-

---

[5] Ebd.

[6] Ebd.

[7] Vgl. M. Etscheid / P. Thomas, Wie ticken Jugendliche? Die neue Sinus-Jugendstudie, in: Das Baugerüst 61, 2009, 78.

ten innerhalb der Konfessionen ein Symbol für die Kirche darstellt,[8] so wird er nun zum Symbol der Einheit. Auf der Vollzugsebene, also im gemeinsamen Singen, Beten und Hören auf die Heilige Schrift, bildet sich eine Einheit ab, die Konfessionsgrenzen überschreitet. Gerade für viele Menschen in konfessionsverbindender Ehe ist es wichtig, dass diese Einheit sichtbar gemacht wird. Da die meisten von ihnen überhaupt keine Schwierigkeiten damit haben, in den Gottesdienst der anderen Konfession zu gehen, und sie diesen oft nach Nähe zur Wohnung, nach vermuteter Qualität der Predigt oder nach der Kirchenmusik auswählen,[9] ist es oft nicht der spirituelle Bedarf, der den Wunsch nach einer ökumenischen Feier oder gar den Besuch derselben auslöst. Vielmehr soll die geglaubte Einheit demonstrativ sichtbar gemacht werden. Auch der Wunsch nach einer gemeinsamen Eucharistiefeier stellt für die meisten eher ein Symbol als ein existentielles Bedürfnis dar. Sicher gibt es Menschen, die in ihrer Kirche und deren Feierformen tief verwurzelt sind, in einer konfessionsverbindenden Ehe leben und gemeinsam Eucharistie feiern wollen. Festzuhalten ist hier aber, dass die meisten dann einfach gehen, wenn sie wollen, und sich von den kirchenrechtlichen Regeln nichts vorschreiben lassen.[10] Zudem muss man auf evangelischer Seite konstatieren, dass der Wunsch nach Empfang des Abendmahls auch im konfessionellen Gottesdienst nicht ge-

---

[8] Vgl. z. B. H. Kerner, Lebensraum Kirchenraum. Wahrnehmungen aus einer neuen empirischen Untersuchung unter evangelisch Getauften, in: ders. (Hg.), Lebensraum Kirchenraum. Das Heilige und das Profane, Leipzig 2008, 9 und 14f.

[9] Dies ergibt eine Durchsicht der Interviews, die das Institut zur Erforschung der religiösen Gegenwartskultur an der Universität Bayreuth 2005/2006 durchgeführt hat. Im Folgenden werden Interviewzitate aus der Untersuchung mit Bayreuth, Interviewnummer, Redesequenz angegeben.

[10] „Ein Drittel [im Chor] sind Katholiken ... Die gehen auch selbstverständlich ohne jemanden ... zu fragen ... hier zum Abendmahl mit" (Bayreuth, E 33, 256).

rade sehr hoch ausgeprägt ist.[11] Wird das gemeinsame Abendmahl im ökumenischen Gottesdienst eingefordert, so wird damit in erster Linie der Wunsch nach gemeinsamer und sichtbarer Glaubenspraxis artikuliert.

3. ERWARTUNGEN AN DIE ÖKUMENISCHE FEIER

Grundsätzlich zeigen die Gottesdienstuntersuchungen, dass es bei den Teilnehmenden zwei Gruppen gibt: Die einen bevorzugen freie, „moderne" Formen der Gottesdienstfeier, die anderen wünschen sich traditionsgeprägte, die sonntäglichen Feierformen aufgreifende Gottesdienste. Während es auf der einen Seite relativ wenig Raum für Traditionsgut gibt, ist auf der anderen Seite kaum Raum für Ungewohntes.

3.1 DIE OFFENE VARIANTE

Eine Frau beschreibt die in ihrer Gemeinde praktizierte Form einer ökumenischen Feier:

> „Für unsern ökumenischen Gesprächskreis haben wir uns dann eben so eine Andachtsform ... selber zusammengestellt, was mir ganz gut gefallen hat. Da war also viel Musik drin. ... Von einem Tisch konnte man den Psalm sich nehmen, der für einen an diesem Tag irgendwie eine Bedeutung gehabt hat. ... Wir haben am Boden ... die Kreismitte ... geschmückt ... mit Blumen, mit einem Kreuz, mit Teelichtern. Und dann haben wir zu dem Psalm etwas dazu sagen können. Wir haben es begründen können oder nicht, haben auch ... etwas Persönliches

---

[11] Vgl. Roßner, Das Verhältnis junger Erwachsener zum Gottesdienst, 352-356, und H. Kerner, Der Gottesdienst. Wahrnehmungen aus einer empirischen Untersuchung unter evangelisch Getauften in Bayern, Nürnberg 2007, 19-21.

einbringen können, wenn es uns so war. Es war halt günstig, weil es ein kleiner, vertrauter Kreis war. Wir haben also gewusst: das bleibt drinnen. … Es gab immer ein oder zwei Leute, die einen Bibeltext gesucht haben, über den wir sprechen wollten, nachdenken wollten, und ein, zwei Leute, die sich … um die Musik gekümmert haben, zwei um den Schmuck … und zwei um das Essen danach."[12]

3.1.1 GEMEINSCHAFT

Immer wieder drücken Befragte aus, wie wichtig ihnen Gemeinschaft in Gottesdienst und Andacht ist. Dabei kann unter Gemeinschaft ganz Unterschiedliches verstanden werden. Auch bei offenen Gottesdienstformen kann dies unterschiedlich sein. Die gewünschten Gemeinschaftsformen sind in hohem Maße davon abhängig, wie gut sich Menschen untereinander kennen.
Für Gottesdienstformen im offenen Bereich ist typisch, dass diese in vielen Fällen am liebsten im vertrauten Kreis gefeiert werden, bevorzugt unter Gleichgesinnten, am besten auch noch unter Gleichaltrigen.[13] In der obigen Beschreibung wird deutlich, dass die vertraute und gewachsene Gemeinschaft derer, die diese ökumenische Andacht feiern, ihre Form erheblich mitbestimmt. Für das Reden über den Bibeltext, für das Austauschen von persönlichen Erfahrungen und Ansichten ist es hilfreich (und für viele Voraussetzung), dass man sich kennt und weiß, dass das Gesprochene im vertrauten Kreis bleibt. Beteiligung im Sinn von Sich-mit-seiner-eigenen-Person-Einbringen ist für viele nur dann möglich, wenn man die anderen kennt. Das ist auch für den Bereich Interaktion so festzuhalten. Wenn sich beispielsweise eine körperliche Berührung nahe legt, etwa bei einer gegenseitigen Segnung, oder wenn ein medita-

---

[12] Bayreuth, E 24, 357-369.
[13] Die oft beschworene missionarische Ausrichtung dieser Feiern wird deutlich überschätzt.

tiver Tanz angeleitet wird, so wird das im vertrauten Kreis zumeist gerne mitgemacht,[14] dagegen abgelehnt, wenn man sich fremd ist. Selbst im Bereich des geselligen Beisammenseins nach der gottesdienstlichen Feier steigt die Teilnahmebereitschaft, wenn man sich kennt.

3.1.2 BIBEL

Das Teilen der Bibel ist ein zentraler Bestandteil ökumenischer Feiern. In offenen Formen variiert die Verkündigung erheblich. Hier steht seltener eine Predigt im Vordergrund als bei den traditionsgeprägten Feiern. Sie wird ersetzt durch Formen des Bibelgesprächs, Anspiele oder Bibeltalks. In obigem Beispiel haben wir gleich zwei Formen des Umgangs mit biblischen Worten. Zuerst kann man sich einen Psalmvers aus mehreren heraussuchen. Dann kann man, wenn man möchte, den anderen Anwesenden sagen, warum man sich genau dieses Psalmwort herausgesucht hat. In einer nächsten Phase der Feier wird ein Bibeltext verlesen, über den jeder nachdenkt und über den er/sie sich dann mit den anderen austauschen kann.

3.1.3 GESTALTUNGSBETEILIGUNG

Typisch für Feiern in offener Form ist auch, dass sich die Feiernden in der Vorbereitung, Durchführung und Nachbereitung einbringen und ihren Gaben, Fähigkeiten oder Neigungen gemäß bestimmte Aufgaben übernehmen. Dabei erfahren wir, dass Menschen, die offene Feierformen bevorzugen, das zumeist gerne tun. In dem oben angeführten Beispielinterview wird zuerst einmal der Raum so hergerichtet, dass er der Feierform nach Meinung der Beteiligten entspricht. Wie so oft bekommt der Kreis eine gestaltete Mitte, in der Blumen, Kreuz und Teelichter stehen, zumeist kommen sonst auch noch Tücher dazu. Im Gegensatz zum traditionsgepräg-

---

[14] Vgl. Kerner, Gottesdienst, 28f. und 32.

ten Gottesdienst verlangt die offene Form sehr oft einen anderen Raum als den vorhandenen Kirchenraum bzw. dessen Umgestaltung.

Der für offene Gottesdienstformen bedeutsame Bereich der Musik ist im obigen Interview nur andeutungsweise behandelt. Zwei Personen kümmern sich um die Musikauswahl. In ökumenischen Feiern wird in der Regel darauf geachtet, dass Lieder ausgesucht werden, die bei den beteiligten Konfessionen bekannt sind. In diesem Bereich gibt es inzwischen mehr gemeinsam vertraute neue als traditionelle Lieder. Hier lernen Teilnehmende auch gerne aus dem Liedgut der anderen Konfession etwas kennen.[15] Charakteristisch für offene Formen ist auch, dass sich Teilnehmende, die an der Planung beteiligt sind, soweit vorhanden mit ihren musikalischen Gaben einbringen, etwa durch das Spielen eines Instrumentes.

Ökumenische Feiern sind oft eingebettet in einen Austausch, der über das Gottesdienstliche hinausgeht. In dem Interview ist es ein gemeinsames Essen, das sich an die Feier anschließt. Hier gibt es viel Bereitschaft, sich um Essen und Trinken zu kümmern, da ein geselliges Zusammensein Gemeinschaft noch einmal anders Ausdruck verleiht und sie bestärkt.

3.2 DIE TRADITIONSGEPRÄGTE VARIANTE

„Ein ökumenischer Gottesdienst hat einerseits einen genügend vertrauten Rahmen, damit jede und jeder sich zu Hause fühlen kann, andererseits wird er immer das eine oder andere fremde Element enthalten und

---

[15] Dabei muss allerdings darauf geachtet werden, dass das Kennenlernen im Vollzug geschieht. Viele Menschen sind allergisch dagegen, dass ihnen im Gottesdienst etwas wie in der Schule beigebracht wird (vgl. H. Kerner, Die Kirchenmusik. Wahrnehmungen aus zwei neuen empirischen Untersuchungen unter evangelisch Getauften in Bayern, Nürnberg 2008, 22).

mich daran erinnern, dass Gott immer der ganz andere bleiben wird."[16]

Für den Großteil der Teilnehmenden an ökumenischen Feiern ist ein vertrauter Rahmen wichtig. Dieser kann sehr unterschiedlich aussehen. Am häufigsten wird eine Schnittmenge aus beiden Traditionen in Form von Wort-/Predigtgottesdiensten vorgenommen. Als Alternative nimmt wechselnd jeweils die eine Konfession die andere in ihre Feierform mit hinein. Wichtig aus Sicht der Teilnehmenden ist, dass sie Vertrautes vorfinden und wissen, was als Nächstes kommt. Ihrem hohen Ritenbedürfnis muss Rechnung getragen werden. Dabei muss der Wunsch nach stabilem Ritus nicht nur bei katholischen oder orthodoxen Christen in Betracht gezogen werden, sondern ebenso bei der Mehrzahl der evangelischen.[17] Dass bei ökumenischen Feiern in einem gewissen Rahmen auch Fremdes innerhalb des vertrauten Ritus erwartet wird, wird beispielhaft in obigem Interviewzitat deutlich, wenn dort von dem Sich-zu-Hause-Fühlen im vertrauten Rahmen geredet wird.

Betrachtet man nun die Erwartungen an einen Gottesdienst in Traditionsformen genauer, so sind es vor allem fünf Dinge, die es näher zu betrachten lohnt: die Predigt, das Bedürfnis zur Ruhe zu kommen, das Gebet um die Einheit, die Musik und die Art der gewünschten Gemeinschaft.

3.2.1 PREDIGT

Im Zentrum der Erwartungen steht bei einer traditionell geprägten ökumenischen Feier die Predigt. Das gilt für

---

[16] Konferenz der Evangelischen Liturgiekommissionen in der Schweiz, 3.

[17] Nach einer repräsentativen Umfrage der GfK-Nürnberg unter evangelisch Getauften in Bayern 2007 bevorzugen 60,5 % der Befragten traditionskontinuierliche Gottesdienste gegenüber offenen Formen. Vgl. auch Kerner, Gottesdienst, wie Anm. 11, 13-15.

evangelische[18] wie katholische Christen[19] ähnlich. Predigt ist in hohem Maße positiv besetzt. Von den Predigenden wird aber nicht nur eine „gute Predigt" erwartet, sondern auch, dass ihnen die Einheit der Christenheit ein Bedürfnis ist. Schönwetterreden werden äußerst misstrauisch betrachtet und nähren die Rede von der Unglaubwürdigkeit von Pfarrerinnen und Pfarrern. Insbesondere da, wo sich praktische Folgerungen aus dem Gesagten ergeben würden, gleichzeitig aber deutlich gemacht wird, dass dies „noch nicht" geht, produzieren Predigten Ärger und Verdruss.

Die Hochschätzung der Predigt sollte nicht zu dem Trugschluss verführen, in der ganzen Feier wortreich zu sein. Wortlastigkeit von Gottesdiensten wird von vielen beklagt.

3.2.2 Ruhe

Für viele Gottesdienstteilnehmer ist das Zur-Ruhe-Kommen ein oft geäußerter Wunsch. Dabei ist es für die meisten die Liturgie, die dieses ermöglicht. So sagt beispielsweise ein Befragter: „Man ist ja oft so unruhig über irgendetwas und sagt da: Ich kann mich jetzt da einmal versuchen, ein bisschen zurückzunehmen und einmal [die] Augen [zu] schließen und einfach einmal Ruhe zu geben."[20] Hier kommt zum Ausdruck, wie stark Liturgie einen Raum öffnet, der zur Ruhe kommen lässt. Im liturgischen Geschehen wünschen viele noch besondere Momente der Stille. Insbesondere bei Gebeten wird von vielen eine Aneignungsstille eingefordert.

---

[18] Die Umfragen im evangelischen Bereich zeigen dies unisono.

[19] Vgl. P. Zulehner / M. König, Heilige Messe – erlebnisstark. Zur spirituellen Qualität des Gottesdienstes, in: Arbeitsstelle Gottesdienst 21, 2007, 41f.

[20] So ein aus der evangelischen Kirche Ausgetretener, der ökumenisch engagiert ist (Bayreuth, E 33, 587).

3.2.3 GEBET UM DIE EINHEIT

Ein zentraler Punkt in einer ökumenischen Feier ist das Gebet um die Einheit der Christen. Hinsichtlich der Erwartungen an eine ökumenische Feier gehört es zu den Selbstverständlichkeiten und ist oft auch hoch emotional besetzt. Es stellt auch in traditionsgeprägten Feiern einen Ort für die Gestaltungsbeteiligung mehrerer dar. Nicht selten bildet es für die Feiernden den Höhepunkt des ökumenischen Gottesdienstes.

3.2.4 MUSIK

Hohe Erwartungen werden auch an die Musik gestellt. Im traditionsgeprägten Bereich wird die Orgel zumeist als Bestandteil des Ritus gesehen und deshalb auch erwartet. Im Bereich des Gesangs werden mit „ö" gekennzeichnete Lieder aus dem Gotteslob bzw. dem Evangelischen Gesangbuch gewählt. Aufgrund der positiven Erfahrung einer Bereicherung des gottesdienstlichen Lebens durch die Übernahme von Liedern aus einer anderen Tradition besteht eine ungewöhnlich große Offenheit gegenüber nicht vertrautem Liedgut. Da viele Kirchenchöre ökumenisch zusammengesetzt sind, sind diese bei besonderen ökumenischen Feiern gerne gesehen.

3.2.5 GEMEINSCHAFT

Auch bei ökumenischen Feiern im traditionsgeprägten Rahmen wird Gemeinschaftserleben erwartet. Auch hier können gemeinschaftliche Veranstaltungen bzw. Geselligkeit vor und nach der Feier stark gewünscht sein. Während der Feier wird Gemeinschaft aber vor allem in gemeinsamem Tun erfahren. Dabei kann bereits das Zusammen-nach-vorne-Schauen als Gemeinschaftserfahrung beschrieben werden. Das Zusammen-Singen-und-Beten, das Aufstehen, Knien und Hinsetzen, drücken diese noch klarer aus.

3.2.6 Fremdheitserfahrungen

In dem einleitenden Zitat zur traditionsgeprägten Feier wurde nicht nur die Erwartung nach einem vertrauten Rahmen zum Ausdruck gebracht, sondern gleichzeitig auch die, das eine oder andere fremde Element anzutreffen. Während in konfessionellen Gottesdiensten bei den traditionsorientierten Teilnehmern ein hohes Maß an Stabilität und Wiedererkennbarkeit gefordert wird, ist dies bei ökumenischen Feiern etwas anders. Hier wird das Fremde eher toleriert und manchmal auch als Bereicherung erfahren.

3.2.7 Zumutungen

Fremdheitserfahrung kann aber auch eine Zumutung darstellen. Dabei kann eine Tradition in der einen Konfession völlig unhinterfragt praktiziert werden und in einer anderen auf heftigen Widerstand treffen. So ist beispielsweise bei Evangelischen oft eine Phobie gegen Weihrauch oder das Besprengen mit Weihwasser zu konstatieren. Grundsätzlich sollte in der ökumenischen Feier zuerst einmal alles vermieden werden, was von einer Seite abgelehnt wird.

Nun gibt es allerdings auch Zumutungen, die unabhängig von konfessionellen Prägungen vorhanden sind. Dabei werden die als Zumutung empfundenen Vollzüge individuell sehr verschieden erlebt. So hat beispielsweise eine Befragte oft Probleme, beim Vaterunser „und vergib uns unsere Schuld, wie auch wir vergeben unseren Schuldigern" zu sagen: „Weil das kann ich einfach nicht, manchen Leuten alles vergeben".[21] Ein anderer kann im Glaubensbekenntnis nicht alles mittragen und spricht deshalb selektiv mit.[22]

---

[21] Bayreuth, E 38, 467.

[22] „Ich spreche auch zum Beispiel das Glaubensbekenntnis nicht vollständig mit, weil ich sage: Ich glaube an und an und glaube es nicht, dann käme ich mir als Verräter vor, ich per-

Krass wird die Zumutung für manche offensichtlich, sobald es um Interaktionen und körperliche Berührung geht. Sie wollen im Gottesdienst nicht etwas machen, was sie nicht gerne tun, sprich, sie wollen ihre Handlungshoheit behalten. So möchten einige einfach keinen Friedensgruß austauschen, [23] andere wollen partout nichts auf einen Zettel schreiben.

Während man sich beim Sprechen des Vaterunsers und des Glaubensbekenntnisses zurückziehen kann und einfach die entsprechenden Passagen nicht mitspricht, ist dies beim Friedensgruß anders. Selbst wenn sich einer entziehen möchte, ist der soziale Druck so groß, dass man doch mitmacht.[24] Kriterium dafür, was man zumutet, könnte sein: Solange die Mitmachhoheit des Einzelnen gewahrt bleibt, wie beim Vaterunser oder beim Glaubensbekenntnis, sollte daran festgehalten werden. Sobald aber ein direkter oder indirekter Zwang entsteht, sollte man Abstand von der Handlung nehmen.

---

sönlich. Jetzt sage ich mir: Na gut, ich lasse es weg, aber ich lasse den anderen ... ihren Glauben" (Bayreuth, E 33, 262-266).

[23] Ein Beispiel mag dies verdeutlichen: „Ich schalte immer ab, wenn es darum geht, seinem Banknachbarn die Hand zu geben und Friede sei mit dir zu wünschen. Das kann ich einfach nicht. Also das ist mir so fern und das will ich irgendwie nicht. Ich mache es dann zwar manchmal trotzdem, aber wenn mir dann jemand die Hand gibt, dann merke ich dann bei mir, das ist jetzt nicht unbedingt aufrichtig. Ich kann das nicht zu jemandem Wildfremden sagen. Na, ich mache es halt, weil man es in der Kirche scheinbar so macht. Aber das gefällt mir einfach überhaupt nicht ... Dabei bin ich total offen, aber wenn ich es will. Es ist etwas Aufgesetztes daran, aber ich schaffe es trotzdem nicht, mich zu wehren und zu sagen: Das mache ich nicht" (Bayreuth, E 38, 473).

[24] Die Tatsache, dass der Friedensgruß eingeübt ist und in mancher Tradition selbstverständlich praktiziert wird, ändert nichts daran, dass sich ihm viele am liebsten entziehen möchten.

3.3. Ökumenische Grossereignisse

Bei ökumenischen Großereignissen stellen die ökumenischen Feiern in der Regel das Zentrum dar. In Form
und Inhalt werden sie nach Proporz zusammengestellt,
egal ob das Tagzeitengebete[25], Feiern in neuer Gestalt
oder die „Großgottesdienste" sind.

Die Großfeiern bilden ein eigenes Genre. Am Beispiel
des 2. Ökumenischen Kirchentages in München kann
man dabei deutlich sehen, dass Mischformen aus den
verschieden konfessionell geprägten Gottesdiensten
und zusätzlich aus dem innovativen und dem traditionsgeprägten Bereich so zusammengestellt werden,
dass jede der beteiligten Konfessionen ohne Anstoß
teilnehmen kann. Im Fall von München fließen Kir-
chentagstradition und Katholikentagstradition ineinander, in anderen Fällen sind es oft lokale Traditionen, die
verknüpft werden. Für Großereignisse, die „Bühnengot-
tesdienste" inszenieren, mag eine solche Zusammen-
stellung taugen, im Gemeindebereich bevorzugen die
meisten Teilnehmenden entweder eine neue oder eine
traditionsgeprägte Form. Die Vermischung von Alt und
Neu wird vorwiegend bei den planenden Pfarrerinnen
und Pfarrern vorangetrieben, die Vorliebe der Teilnehmenden wird dabei nur selten getroffen.[26]

4. Frustrationen

Bei ökumenischen Feiern muss speziell auch damit gerechnet werden, dass Menschen kommen, die eine
ökumenische Frustrationsgeschichte mit sich herum-
tragen. Die Kirchen bieten ihnen nicht, was sie möchten, oder aber sie haben Dinge, die früher möglich wa-

---

[25] Vgl. gemeinsam weitergehen. Lieder und Gesänge zur Ökumene, hg. vom 2. Ökumenischen Kirchentag München e. V,
München 2010, 168-195.
[26] Vgl. Kerner, Gottesdienst

ren, wieder zurückgeschraubt. So wird auch in der Schweizer Umfrage konstatiert: „Die Antworten spiegeln etwa gleichviel Erwartungen wie Frustration. Die Umfrage bestätigt weitgehend, dass ein Graben zwischen der Praxis in den Gemeinden und den offiziellen Stellungnahmen der Kirchen besteht."[27] Dabei sind es vor allem drei Felder, die in hohem Maße zu Frustration und Verärgerung führen: Zum einen sind es die Vorgaben der Amtskirchen, die das ökumenische Miteinander regulieren und regeln wollen. Dann sind es einzelne Pfarrerinnen und Pfarrer vor Ort, die persönlich nicht ökumenisch eingestellt sind und bremsen, wo sie können.[28] Zum Dritten ist es das Problemfeld Eucharistiefeier/Abendmahl, das immer wieder in den Vordergrund drängt.

Im letzten Bereich wird allerdings auch deutlich, dass amtskirchliche Regelungen nur bedingt von Bedeutung sind. Bei konfessionsverschiedenen Paaren fragen die meisten nicht mehr danach, was die Kirchenleitungen verbieten, sondern sie nehmen einfach an der Eucharistie- bzw. Abendmahlsfeier teil.[29] Versuche der Kirchenleitungen, Ersatzhandlungen für die gemeinsame Eucharistie- bzw. Abendmahlsfeier anzubieten, wie dies beim Zweiten Ökumenischen Kirchentag in München in Form der Artoklasia geschehen ist, werden das Problem sicher nicht lösen, sondern schaffen eher Illusionsräume.

---

[27] Konferenz der Evangelischen Liturgiekommissionen in der Schweiz, 3.

[28] Dabei sind die Pfarrerinnen und Pfarrer hinsichtlich der ökumenischen Feiern von hoher Bedeutung: „Die ökumenische Praxis ist in erster Linie abhängig von den Verantwortlichen vor Ort, von deren Engagement oder umgekehrt von deren Desinteresse" (ebd.).

[29] So ein Ergebnis der Bayreuther Befragung.

5. FAZIT

Es muss festgehalten werden, dass es *die* Erwartungshaltung von Teilnehmenden bei ökumenischen Feiern nicht gibt. Mit den Vorlieben, in welcher Gestalt Gottesdienste jeweils in der eigenen Konfession gefeiert werden, muss auch bei ökumenischen Feiern gerechnet werden. Je kleiner und vertrauter die Gruppe von Menschen ist, die zur Feier kommen, umso besser kann man sich auf sie einstellen. Je größer die Teilnehmerzahl ist, umso wichtiger ist es, die Teilnehmenden in diejenigen liturgischen Vollzüge mit hineinzunehmen, die einer größeren tragenden Gruppe vertraut sind.

Es wird deutlich, dass das im jeweiligen Kontext Vertraute von hoher Bedeutung ist. Gemeinsame Schnittmengen in der Gottesdiensterfahrung sind zu berücksichtigen, vertraute Lieder und Gesänge, gemeinsam gesprochene Gebete, unter Umständen auch Handlungen sind gegenüber Ungewohntem vorzuziehen. Allerdings ist auch dem Bedürfnis Rechnung zu tragen, dass man sich für sein eigenes Glaubens- und Gottesdienstleben aus der anderen Tradition gerne anregen lässt.

Reinhard Hauke

FEIERN MIT CHRISTEN UND NICHTCHRISTEN IN ERFURT

1. EINER MUSS GLAUBEN

In der Berufungsgeschichte Abrahams findet sich das Wort Gottes: „Durch dich sollen alle Geschlechter der Erde Segen erlangen" (Gen 12,3b).

Der glaubende Abraham, der aus seiner Heimat aufgebrochen ist und alle Hoffnung auf den Gott gesetzt hat, der zu ihm sprach und ihm Nachkommen und ein großes Land verheißen hat, ist sich seiner Bedeutung bewusst. Er sammelt Gesinnungsgenossen um sich – seine Frau Sara und seinen Neffen Lot – und geht in ein unbekanntes Land. Dabei hat er das feste Vertrauen: „Gott hat mich gesegnet und durch mich soll die eigene Familie und auch das Land, in das ich ziehe, gesegnet sein."

Es scheint darauf anzukommen, dass sich wenigstens immer *ein* Glaubender findet, der alle Erfahrungen seines Lebens mit Gott in Verbindung bringt, von ihm alles erduldet und von ihm alles erhofft. Es zeigt sich damit, welche Verantwortung der Glaubende für seine Mitbürger hat, die Gott nicht denken und glauben können.

Im Folgenden werden Feiern im Raum der Kirche genannt, zu denen besonders Nichtglaubende eingeladen sind.

1.1. DER ÖKUMENISCHE SEGNUNGSGOTTESDIENST AM VALENTINSTAG

Anfragen gibt es an die christlichen Gemeinden durch Nichtgetaufte, ob ihre Ehe in der Kirche gesegnet werden kann. Eine Hilfe kann der ökumenische Segnungsgottesdienst am Valentinstag sein, wie er seit 2000 in Erfurt und mittlerweile in vielen Städten angeboten wird.

Aus dem Ärger über den Valentinstag als „Tag der Verliebten" und den Geschäfterummel der Blumen-, Schokoladen- und Parfümgeschäfte erwuchs die Idee zu einem Segnungsgottesdienst „für alle, die partnerschaftlich unterwegs sind" (Formulierung von Bischof Dr. Wanke, Erfurt). Es wurde dabei vermutet, dass der Valentinstag (14. Februar) bei zahlreichen Paaren – ob Christen oder Nichtchristen – als willkommener Gedenktag der Liebe und Partnerschaft akzeptiert ist. Wenn jedoch ein Heiligengedenktag – unabhängig davon, ob eine eindeutige Zuordnung zu einem bestimmten Heiligen möglich ist – dazu den Anlass gibt, kann die Kirche nicht tatenlos daneben stehen. So wuchs allmählich der Gedanke, diesen Tag wieder in die kirchliche Tradition zurückzuführen, indem am Abend des 14. Februar zu einem Segnungsgottesdienst eingeladen wurde, bei dem Christen und Nichtchristen motiviert werden sollten, über ihre Partnerschaft nachzudenken. Aufgrund guter und kreativer Kontakte zu einer evangelischen Schulpastorin wurde der Gottesdienst ökumenisch konzipiert und erhielt damit eine Weite, die auch für die Ökumene der Stadt hilfreich sein sollte. Der Ort des Gottesdienstes ist wechselweise in einer katholischen und evangelischen Kirche.

Die Verantwortlichen waren sich schnell darüber einig, dass es ein meditativ geprägter Gottesdienst sein muss. Meditativ sollte er durch Bildbetrachtung, persönliche Zeugnisse über Freude und Leid in der Ehe und durch Musik und Stille werden.

Den Gottesdienst feierten 2013 nun schon zum 14. Mal seit 2000 jeweils 100 bis 150 Personen mit. Ca. 30 bis 40 Paare ließen sich am Ende des Gottesdienstes segnen. Die Atmosphäre war besinnlich und von großer Freude über das Geschenk der Liebe zwischen Menschen geprägt. Von den Mitfeiernden wurden besonders die persönlichen Zeugnisse der Paare als ermutigend und bereichernd empfunden. Wenn ein Senioren-Ehepaar davon spricht, dass es sich nun dafür entschieden hat, gemeinsam alt zu werden, dann ist das eine positive Annahme dieses Lebensabschnitts und eine Ermutigung für alle, die sich davor fürchten. Wenn ein jungverheiratetes Paar mit dabei anwesenden Drillingen von der großen Überraschung berichtet, die mit der Ankündigung dieser Mehrlingsgeburt selbstverständlich verbunden war, aber auch davon, dass ihnen Gott die Kraft gegeben hat, dazu Ja zu sagen, und es dadurch besser geht, als man gedachte hatte, dann ist die Aussage verständlich, die ein Mitfeiernder machte: „Da hat man richtig Lust zum Heiraten und Kinderkriegen bekommen." Auch das Zeugnis der Eltern mit Kindern im Pubertätsalter war ermutigend für alle, die in dieser Lebensphase stehen, wo es um Geduld und gegenseitige Ermutigung der Eltern geht.

1.2. Die „Feier der Lebenswende"

Im Oktober 1997 wurde das Projekt „Feier der Lebenswende" in Verantwortung der katholischen Domgemeinde St. Marien in Erfurt gestartet. Es richtet sich an Jugendliche, die in der 8. Klasse sind, und – entsprechend örtlicher Tradition – ein Fest wünschen, das in der Zeit des Sozialismus als „Jugendweihe" bezeichnet wurde.
Das gegenseitige Kennenlernen wie das Vertrautwerden mit dem Raum, in dem die Feier stattfinden sollte, war ein erster Schritt zum Gelingen des gemeinsamen Projektes. Das gewählte Thema lautete: „Freundschaft – Verantwortung füreinander". Der Rückblick auf das bisherige Leben und der Ausblick auf die Zukunft und Verantwortung in der Gesellschaft prägen die Feier von ca. 75 Minuten. Der bisherige Weg wird durch ein Tuch angedeutet, das in der Lieblingsfarbe der Jugendlichen gefärbt und von den Eltern, die den Jugendlichen in das Leben gebracht haben, auf dem Boden ausgelegt wurde. Darauf werden Gegenstände gelegt, die an den bisherigen Weg erinnern.

In einem zweiten Schritt sollen die Jugendlichen ihre Erwartungen betreffs Berufsleben und persönlicher Lebensgestaltung bedenken. Im Zentrum der Feier steht ein literarischer Text, z. B. von Phil Bosmans, oder Märchen und Fabeln aus katechetischer Literatur. Die Jugendlichen beschreiben anhand dieser Texte ihre Zukunftsvorstellungen. Das Ergebnis dieser Überlegungen wird dann in der „Feier der Lebenswende" vorgetragen. Eine Kerze, die zu dem Tuch gestellt wird, das den bisherigen Lebensweg beschreibt, soll Symbol der Zukunftshoffnung sein.

Bei einem dritten Vorbereitungsabend wird über die Probleme der Gesellschaft und Welt nachgedacht, um daraufhin Bitten betreffs der Veränderung dieser Probleme zu formulieren. In diesem Zusammenhang kam der Wunsch auf, als Gruppe eine Einrichtung zu besuchen, in der konkrete Hilfe für Problemfälle der Gesellschaft angeboten wird und wo auch die Jugendlichen selbst helfen können. Schließlich kam die Idee auf, für Obdachlose selbst eine Aktion vorzubereiten. Seit 1998 ist es Tradition geworden, dass an mehreren Nachmittagen die Jugendlichen im Pfarrhaus an Obdachlose ein selbstgekochtes Mittagessen verteilen. Dabei ist die Sorge um das Essen für die Obdachlosen das erste Interesse, und vielfach ergibt sich nebenbei ein Gespräch über Ursache und konkrete Situation der Obdachlosigkeit.

Die Jugendlichen übernehmen fast vollständig – außer dem Präludium und Postludium durch die Orgel – die musikalische Gestaltung der Feier. Dabei sind Jugendliche beteiligt, die mit hohem Können klassische oder moderne Literatur spielen. Aber auch Jugendliche, die lediglich mit einer Hand das Keyboard spielen können, sind zur Mitgestaltung eingeladen.

Im Anschluss an die Feier im Jahr 2000 schrieb ein Vater folgenden Text:

„Wichtig ist die Vermittlung von prinzipieller Zuversicht und Hoffnung, auch bei ungewisser Zukunft, und die Toleranz, die Zukunft anzunehmen, auch wenn es eben nicht so kommt, wie man es sich wünscht und plant. Wichtig ist, sich einer Segnung bewusst zu sein."

1.3. DAS „NÄCHTLICHE WEIHNACHTSLOB"

In der thüringischen Landeshauptstadt leben über 200 000 Bürger, von denen etwa 25 % die Zugehörigkeit zu einer christlichen Kirche angeben. Inmitten der Stadt steht als Wahrzeichen der Domberg mit zwei katholischen Kirchen: dem Dom St. Marien und der St.-Severi-Kirche. Dieses kulturhistorisch bedeutsame Ensemble von zwei Kirchen, das auch die mehrheitlich nichtchristliche Bevölkerung als „ihr Wahrzeichen" ansieht, übt zu besonderen Zeiten eine große Anziehungskraft aus. So auch am Heiligen Abend. Seit vielen Jahrzehnten kann festgestellt werden, dass die Bürger der Stadt am Heiligen Abend gern zum Domberg gehen und im Dom eine Atmosphäre vorfinden wollen, die ihnen den Sinn dieses Abends und des Weihnachtsfestes erschließt. Die Menschen kommen zum Domberg, wenn die häusliche Feier beendet ist oder die gastronomischen und karitativen Einrichtungen geschlossen haben, d. h. gegen 23.00 Uhr. Zu dieser Uhrzeit feierte lange Zeit die Domgemeinde mit dem Bischof die Christmette im Dom, und diese „Be-Sucher" standen bei der Eucharistiefeier mehr oder weniger verständnisvoll dabei. Seitens der Pfarrgemeinde wurde diese Tatsache als störend empfunden. Es ist aber auch durchaus denkbar, dass sich die nichtchristlichen Besucher unwohl fühlten. Die einen verstanden nicht das ungebührliche Verhalten der Nichtchristen im Gottesdienst, und die anderen verstanden nicht die liturgische Feier der Christen. Es entwickelte sich demzufolge allmählich der Gedanke: Es muss für die nichtchristlichen „Be-Sucher" eine eigene Feier gestaltet werden, die mehr ist als ein Krippenspiel und doch auch keine Christmette. Der Bischof entschied 1988 nach Rücksprache mit den

Seelsorgern des Domberges und dem Pfarrgemeinderat, dass die traditionelle Feier der Christmette in die benachbarte St.-Severi-Kirche verlegt wird und sich daran eine eigens gestaltete Feierstunde für die Bürger der Stadt, die an diesem Abend im Dom die weihnachtliche Botschaft hören wollen, anschließt. Die Feierstunde erhielt den Namen „Nächtliches Weihnachtslob". Bischof Dr. Wanke bezeichnete diesen Gottesdienst als „präkatechumenale Feier"[1]. Das Durchschnittsalter der Teilnehmer von ca. 35 Jahren[2] ist eine zusätzliche Herausforderung, denn es ist anzunehmen, dass selbst traditionelles Wissen über Weihnachten und seinen Ursprung nicht vorhanden ist, da diese jungen Menschen in der sozialistischen Ideologie aufgewachsen sind, die das Weihnachtsfest zum „Fest der Familie" oder „Fest der Geschenke" umfunktioniert hatte.

Das „Nächtliche Weihnachtslob" wird mit folgenden liturgischen Elementen gestaltet:

o Christliches Liedgut mit einem allgemeinen Bekanntheitsgrad:
   – Zum Einzug: Es ist ein Ros entsprungen
   – Nach der Predigt des Bischofs: Stille Nacht
   – Zum Schluss: O du fröhliche
o Verkündigung des Weihnachtsevangeliums in drei Abschnitten
   – Ansprache des Bischofs auf „mitteldeutsch"
o Meditative Stille beim Glockenläuten (ca. 30 Sek.)
   – Es läutet dabei im Erfurter Dom eine große Domglocke.
o Fürbitten

---

[1] J. Wanke, Feiern für Ungläubige, gd 11, 1993, 85.
[2] Es zeigte sich in jedem Jahr eine altersmäßige Verjüngung der Mitfeiernden. Vor der Wende kamen neben vielen Ausländern aus Vietnam und der Sowjetunion Bürger, die vermutlich in der Kinderzeit, die vor der Gründung der DDR (1949) lag, zur Kirche eine Beziehung hatten. Nach der Wende kommen vorrangig junge Erwachsene aus der Stadt.

o Meditative Kirchenmusik mit Orgel und Bläsern
o Vaterunser
o Oration in „mitteldeutscher" Ausdrucksweise
o Weihnachtsgruß an den Banknachbarn
o Segen[3]

Zur Bedeutung dieser Gottesdienstform des „Nächtlichen Weihnachtslobes" sagt Bischof Dr. Joachim Wanke:

> „Es darf gehofft werden, dass das „Nächtliche Weihnachtslob" für manche ein Anstoß wurde, sich den verschütteten oder noch unbekannten Wahrheiten des christlichen Glaubens zu nähern."[4]

1.4. „MONATLICHES TOTENGEDENKEN"

Am 1. März 2002 wurde erstmalig ein Gedächtnisgottesdienst für Verstorbene gefeiert. Der Anlass ist die Tatsache, dass nicht mehr für alle Verstorbene ein Gedenkgottesdienst oder eine Gedenkfeier geplant wird, ja sogar persönliche Begräbnisstätten nicht mehr gewünscht sind und anonyme Beisetzungen zunehmen. Die Bestatter berichten, dass vielfach wenige Wochen nach einer anonymen Bestattung die Angehörigen bei ihnen oder auf dem Friedhof nachfragen, wo denn die Bestattung stattgefunden hat. Aufgrund der vertraglichen Regelung ist eine Ortsangabe jedoch nicht statt-

---

[3] Die liturgische Ordnung von 1996: Glockengeläut; Einzug des Bischofs; Lied: Es ist ein Ros entsprungen (Orgel, Bläser, Gemeinde); Begrüßung durch den Bischof; 1. Weihnachtsbotschaft Lk 2,1-7; Improvisation durch Bläser; 2. Weihnachtsbotschaft Lk 2,8-14; Orgelimprovisation über ein Weihnachtslied; 3. Weihnachtsbotschaft Lk 2,15-20; Predigt des Bischofs; Lied: Stille Nacht (Orgel, Bläser, Gemeinde); Geläut der großen Domglocke, das in den Dom übertragen wird – Stille; Fürbitten; Vaterunser; Segen; Lied: O du fröhliche (Orgel, Bläser, Gemeinde); Auszug und Postludium der Orgel.
[4] Wanke, Feiern für Ungläubige, 85.

haft. Im „Monatlichen Totengedenken im Erfurter Dom"
– so wurde die Feier genannt – sollen nun alle Angehörigen die Möglichkeit erhalten, den Namen ihrer Ver-
storbenen in einem Totenbuch feierlich einzutragen,
das danach am Heiligen Grab im Dom einen ständigen
Aufbewahrungsort hat, an dem auch Kerzen entzündet
werden können. Ein kostbarer Bucheinband aus dem
Ende des 16. Jahrhunderts wurde dafür restauriert. In
ihm ist ein Buch eingelegt, in das die Namen eingetra-
gen werden. 62 Eintragungen erfolgten am 1. März und
jeweils ca. zehn Eintragungen folgen bei jedem weiteren
Gottesdienst. Als Termin für die Feiern wurde ab dem
1. März jeder erste Freitag im Monat, 15:00 Uhr, entschieden – in der Todesstunde Jesu, zu der der schon immer die Domglocken läuten. Seit September 2007 feiern
wir diesen Gottesdienst in der Allerheiligenkirche inmitten der Einkaufszentren. Dort befindet sich seitdem
auch das erste Kolumbarium im Osten Deutschlands.

1.5. KOSMAS-UND-DAMIAN-GOTTESDIENST

Das Thema Krankheit wird an vielen Punkten der Gesellschaft diskutiert. Sowohl Ärzte als auch Politiker
und Betroffene fragen danach, wie es in der Zukunft
weitergehen soll. Dabei ist zuerst an die Finanzierbar-
keit der Krankheit gedacht, wenn auch von der Finan-
zierbarkeit der Gesundheit gesprochen wird. Allzu selten spielt – nach meiner Erfahrung und meinem Eindruck – die menschliche Person eine Rolle, die direkt
von der Krankheit betroffen ist oder die sich um Kranke
sorgt und sie pflegt.
Der christliche Glaube gibt uns einen weiteren Horizont
in dieser Frage. Wir hören von der bewussten Zuwendung Jesu an die Kranken und von seiner Aufforderung, den Schwachen und Armen zu helfen. „Was ihr
für einen meiner geringsten Brüder (und Schwestern)
getan habt, das habt ihr mir getan" (Mt 25,40).
Die Zwillingsbrüder Kosmas und Damian gelten in der
Tradition der Kirche als Patrone der Ärzte, da sie selbst

in Syrien am Beginn des 4. Jahrhunderts als Ärzte tätig gewesen sein sollen und Patienten unentgeltlich versorgten. Bei der Behandlung von nichtchristlichen Patienten konnten sie auch manche zum Glauben an Jesus Christus führen. In der Zeit der Christenverfolgungen unter Kaiser Diokletian wurden beide um das Jahr 305 verhaftet und verhört. Nach brutaler Folterung wurden sie enthauptet. Der Termin für diese neue Gottesdienstform soll in der Nähe ihres Gedenktages – dem 27. September – liegen.

Der Gottesdienst wendet sich besonders an Menschen, die bisher noch keine Gelegenheit gefunden haben, von der besonderen Sorge Gottes um den kranken Menschen etwas zu erfahren, und die deshalb auch darin noch keine Ermutigung finden konnten. In diesem Segnungsgottesdienst werden Zeichen, Gesten und Texte verwendet, die von der christlichen Deutung des Leidens, Krankseins und der persönlichen Not Zeugnis geben. Handauflegung und Segen, das Zeichen des Schutzengels, biblische Texte, die von Krankheit und Heilung erzählen, und Zeugnisse von Kranken und ihren Helfern bilden die Elemente des Gottesdienstes.

Diakone sind eingeladen, bei diesem Gottesdienst im Gebet und beim Segnen mitzuhelfen, da es zu ihrer besonderen Berufung gehört, den Kranken beizustehen und damit die Liebe Christi zu den Kranken zum Ausdruck zu bringen. Seit September 2006 wird der Gottesdienst in jedem Jahr in der Nähe des Tages der Heiligen Kosmas und Damian im Erfurter Dom gefeiert.

1.6. ZUSAMMENFASSUNG

Aufmerksamkeit für religiöse Sehnsucht und Bereitschaft zum Beschreiten bisher „ungeschützter Wege" sind die Voraussetzungen bei der Suche nach solchen Feierformen. Dabei sollten „natürliche" Bewegungen und Bedürfnisse der Mitbürger berücksichtigt werden, wie z.B. das Strömen der Bewohner zu einem markanten Punkt der Stadt, z.B. einem Platz, einem Berg oder einer Kirche. Es muss nicht unbedingt die „Heilige Nacht" sein, die als ein Termin für solche Feierformen denkbar ist. Auch Lebenswenden wie der Eintritt ins Jugendalter, [5] die Schulentlassung, die Hochzeit und das Begräbnis können eine solche Feierform verlangen. Die christliche Tradition ist reich genug, um hier ein Angebot machen zu können, das keinen „Ausverkauf der Kirche" bedeutet und auch kein „Theater" ist.

2. ERMUTIGUNG

Es scheint notwendig zu sein, die Chance der Segenshandlungen der Kirche neu zu erkennen, die Seelsorger zu Ideen zu ermutigen und von der Angst zu befreien, bei diesen Feiern Unverständliches zu sagen und zu tun. Der Seelsorger muss sich bemühen, verständlich zu sprechen, jedoch darf er auch das Unbegreifliche Gottes und des Glaubens nicht in Banalitäten auflösen. Das Anliegen der Liturgiereform des Zweiten Vatikanischen Konzils war es, die Texte und Riten dahingehend zu verändern, „dass sie das Heilige, dem sie als Zeichen dienen, deutlicher zum Ausdruck bringen und so, dass das christliche Volk sie möglichst leicht erfassen und in voller, tätiger und gemeinschaftlicher Teilnahme mitfeiern kann"[6]. Damit sollte das Mysterium Christi und der Kirche besser aufleuchten. Dieser Prozess ist noch nicht abgeschlossen. Das „christliche Volk", aber auch die Nichtglaubenden benötigen weitere Hilfe zum Erfassen des Heiligen. Unsere Zeit und die Menschen in ihr fordern zu neuer Offenheit auf. Tomás Halik, ein bekannter tschechischer Priester, der lange Zeit im Un-

---

[5] Der Autor hat 1998 zum ersten Mal im Erfurter Dom eine „Feier der Lebenswende" für ungetaufte Jugendliche der achten Klasse angeboten, die an der traditionellen Form der Jugendweihe nicht teilnehmen wollten. Diese Feierform hat vielfache Beachtung in den Medien gefunden.
[6] SC 21.

tergrund als Priester gearbeitet hat, gab einmal ein Interview, in dem er sagte:

> „Und wie können Christen, Kirchen, Theologen ... zu dem ‚entlegensten Winkel, in der Seele unseres Volkes, unserer Kultur vordringen?", fragte mich einmal ein Hörer im Verlauf einer Rundfunkdiskussion ... Der Zeiger auf der Wanduhr im Studio deutete unerbittlich auf das nahe Ende der Sendung, es gab keine Zeit mehr für lange Erklärungen. ‚Mit nackten Füßen‚" antwortete ich. Und ich schaffte es noch, mit einem Satz auf die Legende vom hl. Adalbert hinzuweisen, der in der Mitte des 10. Jahrhunderts seinen Bischofsstuhl in Prag bestiegen haben soll, indem er als Zeichen der Demut seine Schuhe vor der Kirche auszog und sich barfuß zum Altar begab."[7]

Wir haben den Eindruck, dass unser neuer Papst Franziskus mit seinen Worten und Gesten der Kirche zu einem neuen Ansehen hilft, so dass es wieder als sinnvoll angesehen werden kann, sich der Kirche zu nähern und dem Glauben eine konkrete Gestalt im eigenen Leben zu geben. Allein durch das persönliche Zeugnis der Christen kann die Kirche zu einer Gemeinschaft werden, in der die Menschen mit Selbstbewusstsein, Demut und Freude sagen (Joh 6,68): „Herr, zu wem sollen wir gehen? Du hast Worte ewigen Lebens."

---

[7] T. Halik, Geduld mit Gott. Die Geschichte von Zachäus heute, Freiburg-Basel-Wien 2012, 95.

Brigitte Enzner-Probst

LITURGIE, RITUAL UND SEELSORGE – DAS FEST DES GLAUBENS FÜR KÖRPER, SEELE UND GEIST[1]

EIN NACHT-LEBENS-GOTTESDIENST

Es ist Nacht in München. An einem Donnerstagabend um 21:45 begeben wir uns aus den Räumen der Evangelischen Hochschulgemeinde an der TU München hinaus auf die Straße. Es ist kalt und ungemütlich. Wir, das ist eine Gruppe von Studierenden und wir beiden Hauptamtlichen. Wir gehen rechts um die Ecke, die Mathildenstraße entlang. Zu unserer rechten Seite massiv und fast erdrückend das große Gebäude der Augenklinik. Irgendwann öffnet sich in diesen Mauern ein großes Portal. Eine automatische Tür öffnet, angenehme Wärme empfängt uns. Weitere Studierende aus der Katholischen Hochschulgemeinde sind schon da. Wir schließen das Zwischengitter auf, zünden die Kerzen am Altar, an der Marienstatue und der Ikone an, legen die Textblätter aus. Sitzen noch etwas in den Bänken, um uns zu sammeln. Um 22:00 ist es dann soweit: Der Ökumenische Nachtgottesdienst lädt ein.

Er beginnt draußen, im Vorraum. Wir versammeln uns um einen kleinen Tisch, den „Alltagstisch". Wenige Worte der Begrüßung, der Einführung in die Liturgie und der Einladung zu abschließenden Agape werden gesprochen. Ein erster Textabschnitt wird verlesen. Heute: Das Auftreten des Täufers Johannes. Wir singen einen Taizé-Kanon und bewegen uns

---

[1] Verschriftlichte und um die Erfahrungen des Ökumenischen Kirchentags bereicherte Fassung meines Vortrags am 5. 2. 2010 im Kardinal-Döpfner-Haus, Freising.

im Pilgerinnenschrit [2] schräg durch den Kirchenraum zur Marienstatue. Dort der zweite Text, die Predigt des Johannes. Wieder bewegen wir uns im Pilgerschritt quer durch den Kirchenraum zur Ikone, die von der orthodoxen Gottesdienstgemeinde, die hier ebenfalls zu Gast ist, stammt. Wieder ein Text: Jesus kommt zum Jordan, begehrt die Taufe ... Schließlich bewegt sich der Zug in den Altarraum, versammelt sich um den Altar. Letzte Lesung: Die Taufe Jesu, die Stimme vom Himmel, die Würdigung „Du bist mein geliebter Sohn ...". Eine kurze Auslegung erschließt den Text als Ganzes, das wiederholte „Kommen" hat sich im Gehen wie von selbst eingeprägt. Es folgen Fürbitten und Segen. Dann pilgert die feiernde Gemeinschaft wieder zum Alltagstisch in den Vorraum. Die Liturgie schließt mit einer Agape: Ein Tischgebet wird gesprochen. Brot wird in der Runde umhergereicht, Wasser oder auch Wein angeboten. Gespräche werden geführt, Verabredungen finden statt. Bevor alle ihre weiteren Nacht-Wege gehen.

Seit zwei Jahren finden diese Nachtgottesdienste statt, seit diesem Semester in ökumenischer Zusammenarbeit von Evangelischer und Katholischer Hochschulgemeinde an der TU. Von anfänglich nur wenigen Studierenden ist die Zahl der Teilnehmenden kontinuierlich gewachsen. Unser Versuch, die räumliche Entfernung zur Technischen Universität zu überwinden und nah bei den Studierenden und ihrem Lebensrhythmus zu sein, hat sich mittlerweile zu einer Möglichkeit entwickelt, Gottesdienst zu feiern, besonders, anders. Mit innerer Andacht, aber auch äußerer Bewegung, mit Körper, Seele, Geist, in Gemeinschaft. Der Gottesdienst wird zu

---

[2] Drei Schritte vor, einer zurück, zur Choreographie siehe Dokumentation in diesem Band 145. Vgl. auch: F. Felbecker, Die Prozession. Historische und systematische Untersuchungen zu einer liturgischen Ausdruckshandlung, Altenberge 1995.

einer besonderen Möglichkeit, in Kontakt zu kommen mit Studierenden, mit ihren Anliegen, ihren Zielen, Freuden, aber auch Konflikten und Sorgen. Zu einem Raum, wo sich Liturgie und Seelsorge auf eine eigentümliche Weise mischen.

Meine liturgiewissenschaftlich-neugierige Frage: Was zeigt sich in dieser Form des nächtlichen Feierns in besonderer Weise, was unseren vormittäglichen Sonntagsgottesdiensten zum Teil abgeht?

DER NÄCHTLICHE TAUFGOTTESDIENST DER FRÜHEN KIRCHE

Um dem auf die Spur zu kommen, was sich in experimenteller Form hier zeigt, lade ich Sie zu einer Zeitreise ein – back to the roots. Zurück zu den Anfängen der christlichen Kirche. Zwei große gottesdienstliche Formen gibt es da, gruppiert um die zwei Sakramente Taufe und Eucharistie. Wenden wir uns der Taufe zu. Das Taufritual, die Aufnahme in die christliche Gemeinschaft, hat drei Abschnitte: Katechumenat, Taufhandlung und Gottesdienst als Bestätigung der Aufnahme. Der Sonntagsgottesdienst mit Abendmahl/Eucharistie dagegen stärkt die Gemeinschaft der Glaubenden untereinander, feiert die Auferstehung Christi als Grunddatum des christlichen Glaubens.

Sehen wir doch näher die Gestaltung und Feier der Taufliturgie an, um zu verstehen, was das Besondere daran war. Ich folge der Beschreibung der Traditio Apostolica.[3]

Wer getauft werden wollte, musste dies bei der christlichen Gemeinschaft beantragen. „Sponsores" oder Paten, Patinnen bürgten dafür, dass diese Bitte

---

[3] Vgl. Traditio Apostolica, nach A. Jilek, Taufe, in: K.-H. Bieritz / H.-Chr. Schmidt-Lauber (Hg.), Handbuch der Liturgik, Wien [3]1995, 285-318.

angemessen und die Bewerber(innen) würdig waren, getauft zu werden. In einem ersten Glaubenskurs wurden die Frauen und Männer, die die Taufe begehrten, in den Grundzügen des christlichen Glaubens und vor allem der christlichen Lebensführung unterwiesen. Wenn die Patinnen und Paten der Meinung waren, dass die Taufwilligen darin eine gewisse Festigkeit erreicht hatten, wurden diese geprüft und in die Gruppe der Katechumenen aufgenommen. Nun folgte ein gründlicher Unterricht in den Grundlagen des Glaubens, der sich über drei Jahre hinzog. Die Katechumenen konnten am Gemeindegottesdienst teilnehmen, allerdings nur bis zum Ende des Wortgottesdienstes. Mit dem Satz „Ite missa est" wurden die Katechumenen entlassen. Sie waren außerdem vom Austausch des Friedenskusses ausgeschlossen. Die bewusste rituelle Markierung ließ die Sehnsucht nach vollständiger Teilhabe am Gottesdienst und dem Leben der Gemeinschaft umso deutlicher hervortreten.

Die katechumenale Vorbereitung lief auf den Abschluss der Unterweisung, die eigentliche Taufe zu, die in der Osternacht stattfand. Zwei Tage und Nächte zuvor, also von Karfreitag an, wurde gefastet und gebetet, wurden die Täuflinge in ihrem je eigenen Initiationsprozess begleitet. Die Taufanwärter(innen) bereiteten Körper, Seele und Geist auf dieses große Ereignis vor. Und dann das Große Ritual – in einer ganz besonderen Nacht. Es ist die Osternacht, in der sich der Übergang vom Tod zur Auferstehung ereignet hatte. Es ist die Nacht, in der sich nun im Leben der Täuflinge diese Verwandlung wieder ereignen will. Die mächtigen Inneren Bilder, die Bilder von Verwandlung, vom Ablegen des alten Gewandes, vom Sterben und Untergehen des alten Lebens werden durch Gebete und Lesungen aufgerufen und verstärkt. Die Täuflinge, Frauen und Männer, brusttief im Wasser stehend, werden dreimal gefragt „Glaubst du?". Sie antworten mit dem entsprechenden Abschnitt des Glaubensbekenntnisses und werden jeweils ganz untergetaucht. Die Getauften steigen schließlich aus dem Taufbecken, bekommen neue Kleider, werden gesalbt. Jetzt endlich feiern sie als Glieder der christlichen Gemeinschaft zum ersten Mal das Abendmahl, die Eucharistie, und tauschen mit der ganzen Gemeinde den Friedenskuss aus!

Ein mächtiges Ritual! Und ein langer Weg, um dorthin zu kommen. Eine Bewegung auf vielen Ebenen, ein liturgisch-ritueller Prozess, aber auch eine Bewegung im Verstehen und Sich-Aneignen. Und dies alles in Gemeinschaft, mit anderen zusammen, ein Sich-auf-den-Weg-Machen – auf einen Weg mit immer steigender Spannung, diesen Weg abschreiten, durch-wandeln – und endlich, endlich ankommen! Ein ungeheurer leiblicher, seelischer und mentaler Prozess zunehmender Konzentration vor dem eigentlichen Taufgeschehen wird hier inszeniert.

Das nächtliche Geschehen erinnert zudem an den Geburtsprozess, an das Wasser, aus dem ein Embryo geboren wird. Da sind die mit Kerzen oder Fackeln erhellten Gebäude, da ist die Spannung der Täuflinge, aber auch die Erwartung der Gemeinschaft, der Frauen und Männer, die segnen, leiten, sprechen und die sich als Hebammen und Geburtshelfer eines neuen Lebens, in Gott, aus Gott verstehen. „Ist jemand in Christus, so ist er eine neue Kreatur" (2 Kor 5,17), eine neue Schöpfung, ein neues Wesen, ein neuer Mensch! Dies wurde auf den verschiedensten Ebenen und gestützt von der feiernden Gemeinschaft begangen, vollzogen, erlebt, zugesprochen, verstanden. Mit Seele, Leib und Geist gleichermaßen aufgesogen, erahnt, erlebt, gefeiert. Eine bewegende, unvergessliche Initiationshandlung! Und eine tiefe Verpflichtung, eine seelische, leibliche und mentale Umformatierung, die auch über Zeiten der Verfolgung, der Ausgrenzung und gesellschaftlichen Ächtung hinüberhalf.

Es ist eindrücklich, wie es hier der christlichen Kirche gelungen ist, das Ineinander von Verstehen (Hermeneutik), ritueller Gestaltung, individuellem Seelen-Prozess und gemeinschaftlicher Teilhabe miteinander zu verschränken. Ich bin sicher, dass gerade hierin die Faszination, die Anziehungskraft der Frühen Kirche gelegen hat!

DER GOTTESDIENST ALS ORT KIRCHLICHER MACHTENTFALTUNG – KLERIKALISIERUNG UND INSTITUTIONALISIERUNG DER KIRCHE

Dieser Gleichklang von rituellem gemeinschaftlichem Prozess und individuellem Verstehen und Deuten, von Ritualität und Hermeneutik, wurde spätestens seit der Konstantinischen Wende im 4. Jahrhundert (313/380) abgelöst durch eine immer stärkere institutionell-repräsentative Gestaltung des christlichen Gottesdienstes. Der christliche Glaube war zur Staatsreligion avanciert. Aus einer verfolgten Gemeinschaft wurde eine Staatskirche, die Massen drängten in die Kirche. Der Machtfaktor wurde wichtig und der Gottesdienst mehr und mehr zu einer Plattform kirchlicher, bischöflicher und schließlich päpstlicher Machtentfaltung und -politik. Der seelsorgerliche Aspekt trat zurück.[4] Die liturgischen und seelsorgerlichen Standards konnten nicht mehr aufrechterhalten werden.

Zugleich kam es zu einer hierarchischen und institutionellen Verfestigung der Kirchenstrukturen. Statt einer Gemeinschaft, in der Einzelne unterschiedliche Dienste für das Ganze übernahmen, bildete sich ein Stand der Kleriker heraus. Sie allein waren nun berechtigt, den Gottesdienst zu halten, da sie aufgrund ihrer besonderen Weihe Christus „repräsentierten". Das ursprüngli-

---

[4] Vgl. K. M. Girardet, Die Konstantinische Wende. Voraussetzungen und geistige Grundlagen der Religionspolitik Konstantins des Großen, Darmstadt 2006.

che Modell wird vom Repräsentationsmodell abgelöst, eine späte Entwicklung, aber für das nächste Jahrtausend von großer Wirkung. Der Gottesdienst wurde immer reicher ausgeschmückt, die Position des Bischofs von Rom durch Übernahme der kaiserlichen Einzugsliturgie machtvoll inszeniert.

Die liturgische Sprache wurde im Westen auf das Lateinische fixiert. Gleichzeitig starb diese Sprache als eine lebendige allgemeine Ausdrucksmöglichkeit aus. Kirchenvolk und Kleriker standen sich in der abendländischen Kirche im Lauf der Jahrhunderte im wahrsten Sinn des Wortes immer verständnisloser gegenüber.

DIE VERDRÄNGUNG DER FRAUEN

Mit dem neuplatonisch begründeten Repräsentationsmodell, das den Logos, den Geist als Gott näher, Materie und Leib dagegen als inferior interpretierte, war zugleich eine hierarchische Abstufung verbunden. Mit der Zeit erschien sie ganz natürlich, ontologisch vorgegeben. Gegenüber den Priestern, die ihrerseits Christus repräsentierten, waren die Laien zweitrangig, gegenüber den Männern die Frauen. Obschon diese nach den historischen Quellen in der Anfangszeit der Jesusbewegung, aber auch in der Frühen Kirche durchaus als Lehrerinnen und Leiterinnen von Gottesdiensten, als Apostelinnen und Diakoninnen wertgeschätzt und erinnert waren, wurden sie nun mehr und mehr aus der Gestaltung und Leitung von Gottesdiensten verdrängt.

Hinzu kam die öffentliche Bedeutung des Christentums, der zunehmende Einfluss auf das Staatswesen. Dies wurde in der Bauform der neuen Kirchen, der Basilika, deutlich. Sie übernahm die Struktur der öffentlichen Markthallen. Der Sitzplatz des Philosophen in vorchristlicher Zeit war nun dem Bischof vorbehalten. Öffentliche Repräsentation war ein Bereich, der Frauen im griechischen wie römischen Kulturbereich nicht zugstanden wurde. Am Ende des 6. Jahrhunderts sind Frauen aus der Mitgestaltung des gemeindlichen und kirchlichen Lebens so gänzlich und gründlich verschwunden, dass auch die Erinnerung an die Anfänge nicht mehr vorhanden war bzw. bewusst nicht mehr tradiert wurde. Frauen war es nun nicht mehr gestattet, den Altarraum zu betreten, sich im Gottesdienst zu äußern, zu lachen oder zu singen. Menstruations- und Geburtstabus aus der judenchristlichen Tradition bzw. aus alttestamentlichen Reinheitsvorschriften wurden übernommen.[5] Dies alles hatte einschneidende Folgen für die Kirchenordnung, d.h. die Gestaltung des Gemeindelebens, wie für die Feier der Gottesdienste. Ich kann dies hier nicht weiter ausführen, sondern will nur kurz die Konsequenzen für den Taufgottesdienst aufzeigen.

DIE TAUFHANDLUNG ALS RITUELLES RELIKT

Für die Feier des Taufgottesdienstes, dieses ursprünglich so eindrucksvollen Initiationsweges hinein in den christlichen Glauben und in eine spezifische Lebensform, bedeutete dies eine entscheidende Umprägung. Die weihevollen Worte wurden zwar beibehalten. Die Vorbereitung jedoch, der Weg wie auch die Taufhandlung selbst schrumpften bis zur Unkenntlichkeit. Deutende Worte und rituelle Handlung brachen auseinander. Die Worte erinnerten an Handlungen, die in dieser Weise gar nicht mehr vollzogen wurden. Es gab keine mehrtägige Vorbereitung mehr, kein Untertauchen des ganzen Körpers. Die Besprengungstaufe (Aspersions-

---

[5] Vgl. T. Berger, Sei gesegnet, meine Schwester. Frauen feiern Liturgie, Würzburg 1999, Kap. 2. Liturgiegeschichte aus der Perspektive der Frauen – ein erster Versuch, besonders 2.4. Frauen und gottesdienstliches Leben in der Reichskirche, 66-83.

taufe) wurde unumgänglich, weil immer mehr Kleinkinder getauft wurden.

Frauen wurden nun in eigenen Gottesdiensten getauft, nicht mehr in der Gemeinschaft aller. Die Ämter der Diakoninnen und Profetinnen waren längst auf karitative oder marginale Aufgaben zurückgedrängt worden.[6] Was aber viel entscheidender war und worauf es mir ankommt in diesem Beispiel frühkirchlicher Taufpraxis: *Der seelische „Schwingungsraum",* in dem sich die Worte in Symbole, Innere Bilder umsetzen, übersetzen ließen, fehlte immer schmerzlicher. Und zugleich fehlte damit auch der leiblich-geistig-seelische Raum, in dem *die eigenen Inneren Bilder, der eigene seelische Entwicklungsprozess* wahrgenommen und eingebracht werden konnte! Mit dem Auseinanderbrechen von ritueller Handlung und interpretierenden Worten werden sekundäre Deutungspraxen notwendig, die nicht mehr mit dem inneren Erleben der Teilnehmenden übereinstimmen, dieses nicht mehr aufnehmen.

Ich überspitze es bewusst: Der gottesdienstliche Raum wurde mehr und mehr zu einem von außen und von oben beherrschten Raum, der nicht *synchronisierend,* sondern *uniformierend* auf die einzelnen Gläubigen wirkte. Das bedeutete zwar nicht, dass nicht auch in dieser Form der Glaube genährt werden konnte. In jedem von einem Menschen andächtig mitgefeierten Gottesdienst kann dies geschehen. Und doch ist es ein Unterschied, ob das, was gesagt wird, und das, was anschaubar, fühlbar, sichtbar da ist, nachvollzogen werden kann. In jedem Fall hatten die einzelnen Gläubigen und darin vor allem die Frauen, trotz aller Proteste, die es in den folgenden Jahrhunderten gab, immer geringere Möglichkeiten, sich mit ihrem eigenen inneren Weg, mit ihrer Lebensgeschichte handelnd, mitgestaltend und aktiv erlebend einzubringen.

---

[6] Vgl. wieder Berger, Sei gesegnet, meine Schwester, 2.4.4. Frauen-spezifische Tabus, 75.

Die Wiedergewinnung der ursprünglichen Impulse im Gottesdienst der Reformation: Gottesdienst als Geschehen in Gemeinschaft

Ich lade Sie nun zu einer zweiten Zeitreise ein – von der Frühen Kirche in die Zeit der Reformation. Martin Luther als ein Vertreter der Reformatorischen Erneuerungsbewegung wollte mit seiner Gottesdienst-Reform diese Kluft zwischen Ritualität und Verstehen schließen. Die Gläubigen sollten wieder verstehen können, was sich im Gottesdienst vollzog. Sie sollten die rituelle Vergegenwärtigung und „Inszenierung des Evangeliums"[7] nachvollziehen können. Dies bedeutete, den Gottesdienst in der Volkssprache zu halten.[8] Dies bedeutete aber auch, die Menschen hinzuführen zum Verstehen des gottesdienstlichen Geschehens. Luther hat deshalb in seiner Torgauer Predigt den Gottesdienst als ein Kommunikationsgeschehen beschrieben: „Dass nichts anderes darin geschehe, denn dass unser lieber Herr selbst mit uns rede durch sein heiliges Wort und wir mit ihm reden durch Gebet und Lobgesang."[9] Deshalb der Kleine Katechismus, deshalb die Erläuterung der Sakramente, der Taufe, überhaupt der pädagogische Impetus der Reformation. Luthers Anliegen war es, das, was im Gottesdienst getan und vollzogen wurde, auch verständlich zu machen, die Menschen zu beteiligen und so ihren Glauben zu nähren. „Wasser allein tut's freilich nicht, sondern das Wort ..." und das Vertrauen auf das Wort, das vertrauende Sich-darauf-

---

[7] Vgl. M. Meyer-Blanck, Inszenierung des Evangeliums. Ein kurzer Gang durch den Gottesdienst nach der Erneuerten Agende, Göttingen 1997.

[8] Vgl. B. Groen, Die Volkssprache in der Liturgie. Chancen und Probleme, in: Jaarboek voor Liturgieonderzoek 21, 2005, 105-128.

[9] Vgl. Martin Luther, Torgauer Predigt von 1544, WA 49, 588; vgl. dazu K.-P. Hertzsch, Die Predigt im Gottesdienst, in: Handbuch der Liturgik, H.-Chr. Schmidt-Lauber / M. Meyer-Blanck / K.-H. Bieritz (Hg.), Göttingen ³ 2003, 731-741.

Beziehen. Hören und Reden (Predigen, Singen, Beten, Lesungen) als Voraussetzung von Verstehen sollten nun das liturgische Kommunikationsgeschehen des Gottesdienstes bestimmen.

Allerdings kippte diese Akzentsetzung bald in die andere Richtung. Mehr und mehr, gerade in der Zeit der lutherischen Orthodoxie, waren es nur noch die Worte, die bedeutsam waren. Ich bin mir der Überspitzung an dieser Stelle bewusst. Es gab durchaus Prediger der lutherischen Orthodoxie, die seelsorgerlich zugewandt das Evangelium den Menschen nahebringen wollten und konnten! Trotzdem fehlte in der Gesamtdisposition ein Gefühl dafür, dass es für jedes Wort, das ja ein Sprachsymbol ist, *einen Raum braucht, in dem es sich entfalten,* in dem es gefühlt, geschmeckt werden, in dem es sich verwurzeln kann. In dem es die Seelen berühren kann. Jedes Symbol, jedes Ritual braucht einen *Schwingungs-Zeit-Raum* für den dazu gehörenden seelischen Prozess, in dem die Wort- und Sprachsymbole sich entfalten, übersetzen und existenziell verankern können! Die folgenden Erneuerungsbewegungen (Pietismus; Schleiermacher) thematisierten genau dieses Verhältnis von Wort und Wirkung, von Erfahrung und Symbol. „Auch das Wort allein tut's freilich nicht ..." ist die Erkenntnis der protestantischen Liturgiewissenschaft der Neuzeit. Vielmehr wird deutlich: Es geht um ganzheitliches und gemeinschaftliches Mitvollziehen, Gestalten und Verstehen im Prozess, und darin gerade um ein individuelles Sich-Aneignen und Verknüpfen mit der eigenen inneren Erfahrungswelt.

DIE LITURGISCHE BEWEGUNG IN DER KATHOLISCHEN KIRCHE – DAS RINGEN UM EINE NEUE LITURGISCHE HERMENEUTIK

Das Ringen um diese Koinzidenz von liturgischem Tun und innerem Verstehen in der gemeinschaftlichen Feier des Gottesdienstes wurde im 20. Jahrhundert auch in der katholischen Kirche deutlich. Romano Guardini auf Burg Rothenfels und der Kreis von Menschen, der sich um ihn sammelte, gab dieser Sehnsucht Ausdruck. Wichtige Impulse in Richtung eines Zweiten Vatikanischen Konzils wurden gegeben. Als dieses sich schließlich konstituierte, nahm es in seiner Kirchenkonstitution „Lumen Gentium" wesentliche Einsichten in die Bedingungen der Wirksamkeit von Gottesdiensten auf.[10] Der Gottesdienst sollte wieder zu einer Aufgabe der ganzen Gemeinde, zu einem „Geschehen in Gemeinschaft" werden. Ebenso sollte die Sprache des Gottesdienstes so gehalten sein, dass die Gläubigen dem Vollzug verstehend folgen konnten. Die Messe sollte in der jeweiligen Volkssprache gehalten werden, der Priester dem Volk zugewandt sein. Entscheidende reformatorische Anliegen sind damit in die katholische Gottesdienstlehre und -praxis aufgenommen worden. Insgesamt ist deshalb das Zweite Vatikanische Konzil für das ökumenische Lernen der beiden großen Kirchen von Bedeutung und Wirkung gewesen. Es hat das gegenseitige Lernen der beiden Konfessionen nach so vielen Jahrhunderten der Entfremdung ermöglicht und vorangebracht.

DIE ÖKUMENISCHE FRAUENLITURGIEBEWEGUNG – REHABILITIERUNG DER FRAUEN IM GOTTESDIENST

Der liturgische Aufbruch innerhalb der katholischen und evangelischen Kirche, vor allem aber die säkulare Frauenbewegung ließen Christinnen in allen Kirchen erneut und dringlich nach ihrem Ort in der Gestaltung von Kirche und Gottesdienst fragen. Der Ausschluss von Frauen aus den kirchlichen Ämtern und der Mitgestaltung des Gottesdienstes wurde exegetisch, kirchen-

---

[10] Vgl. zur Kirchenkonstitution „Lumen Gentium" K. Rahner / H. Vorgrimler, Kleines Konzilskompendium, Freiburg ⁴1968, 56f.

politisch und existenziell als ein mit dem Evangelium unverträgliches Ärgernis deutlich. Die kirchliche Frauenbewegung entstand. Ihr spirituell-ritueller Zweig, die Frauenliturgiebewegung, ist, wie ich in meiner Habilitationsschrift zeigen konnte[11], eine zentrale Form der Wiederaneignung ursprünglicher Positionen wie auch eine Weiterentwicklung von Verstehen (Hermeneutik) und ritueller Gestaltung (Neue Kasualien) im 20. Jahrhundert.

Eine den Weg bereitende liturgische Frauen-Tradition, entstanden im 19. Jahrhundert und hervorgegangen aus der Ersten Frauenbewegung, stellt dabei der *Weltgebetstag* der Frauen dar. Mit seiner über 100 Jahre alten Tradition wurde er nun neu entdeckt und belebt als eine Plattform für ökumenisches und interkulturelles Lernen.[12] Frauen wurden dadurch ermutigt und geübt, die Leitung von Gottesdiensten in die eigene Hand zu nehmen. Die eigentlichen Impulse der Frauenliturgiebewegung in Deutschland liegen jedoch in der Entstehung einer kirchlichen Frauenbewegung in den USA (Women-Church) und ihrer rituellen Ausprägung in unterschiedlichen *Women's Liturgy Groups*. Da waren die Gruppe WATER in der Nähe von Washington, die „First Six" in New York, die Women's Eucharist Groups, die sich über den ganzen Kontinent verteilt trafen. In einer zweiten Phase kamen die Re-Imagining Conferences hinzu, wurden zu Protagonistinnen einer neuen Weise, von Gott zu sprechen (Sophia), Gottesdienst zu feiern und das Evangelium zu verstehen. Aus den USA kamen diese Impulse über die Niederlande schließlich auch nach Deutschland. Durch Tagungen in kirchlichen Bildungszentren wie z. B. Bad Boll, durch Teilnahme an den großen ökumenischen Tagungen in Genf, Berlin,

---

[11] Vgl. B. Enzner-Probst, Frauenliturgien als Performance. Die Bedeutung von Corporealität in der liturgischen Praxis von Frauen, Neukirchen 2008.

[12] Zum Weltgebetstag vgl. H. Hiller, Ökumene der Frauen, Düsseldorf 1999.

Sheffield in eigens dafür gegründeten Netzwerken, in katholischen Studentinnengemeinden (Münster), durch die Gründung von Frauenreferaten im Zusammenhang der Ökumenischen Dekade und den durch sie publizierten Dekadegottesdiensten, durch spezifische Ausbildungen in Feministischer Liturgie (Gelnhausen; Stuttgart) wurden immer mehr Frauen ermutigt, ihre eigenen Gottesdienste zu gestalten und zu feiern.[13]

Zunächst ging es um ein neues Verstehen dessen, was im Gottesdienst thematisiert wurde. Grundzüge einer Hermeneutik der Bibel, des Evangeliums, des Glaubens von Frauen wurden im Gestalten von Gottesdienst umgesetzt. Das Anliegen war klar: Frauen wollten die Bibel endlich von ihrer Perspektive aus lesen, von ihrem Kontext, von ihren Lebens- und Leidenserfahrungen her. Ihre Gottesbilder, ihre Gottessprache, ihre Gebetssprache waren nun nicht mehr zweitrangig, sondern ihre Perspektive, die ganz selbstverständlich im Gottesdienst gebraucht wurde. Die Bibel mit den Augen von Frauen zu lesen war ein befreiungstheologischer Ansatz, der den Anfang der Frauenliturgiebewegung bestimmte. Zugleich war dies eine kritische Hermeneutik, besonders bestimmten Texten der Bibel gegenüber, die seit Jahrhunderten dazu gedient hatten, Frauen auszuschließen oder zu entwerten. Gewalttätige Texte wurden benannt bzw. ihr Gewalt verstärkender Gebrauch in der Kirche durch Lesungen, Perikopen, Predigten, Lieder und Gebetssprache aus der Sicht der bis heute vielfach Opfer Gewordenen hinterfragt.[14] Neue hermeneutische Ansätze entstanden, die die gesamte neutestamentliche Bibelwissenschaft befruchteten. Elisabeth Schüssler

---

[13] Zur Geschichte der Frauenliturgiebewegung mit ihren unterschiedlichen Gruppierungen und Netzwerken vgl. Enzner-Probst, Frauenliturgien als Performance, Kap. IV, 71-135.

[14] Vgl. Ph. Trible, Texts of Terror, Literary-Feminist Readings of Biblical Narratives, Philadelphia 1984; M. Procter-Smith, Praying with Our Eyes Open, Engendering Feminist Liturgical Prayer, Nashville 1995

Fiorenza hat mit ihrer vierfachen hermeneutischen Schrittfolge eine Möglichkeit aufgezeigt, produktiv und kritisch mit biblischer Tradition umzugehen.[15] Das Verstehen im Gottesdienst wurde erneut als gemeinschaftlicher Gestaltungs- und Auslegungsprozess, als Aufgabe jeder Teilnehmenden verstanden.

Neben diesen Ansätzen einer neuen biblischen und liturgischen Hermeneutik war aber auch die *Ritualität* neu zu gestalten. Der auffallendste Unterschied zum traditionellen Gottesdienst: Indem diese Gottesdienste „mit allen Sinnen" gefeiert werden, in Bewegung, Tanz, wechselseitiger Berührung, im Schmecken, Sehen, Hören und Riechen, wird nun der *Körper von Frauen* ein zentrales Medium der gottesdienstlichen, rituellen Gestaltung. Die Aufwertung des Körpers von Frauen wurde ein unübersehbares Merkmal der liturgischen Praxis von Frauen. Körper, die bislang theologisch als minderwertig, zweitrangig qualifiziert worden waren, Körper, die durch ausschließlich männliche Repräsentanz der gottesdienstlichen Leitung immer stärker abgewertet und schließlich als dämonisch ausgeschlossen worden waren, werden nun zu vielschichtigen Medien ritueller Gestaltung.

Die spezifische rituelle Phänomenologie von Frauenliturgien lässt sich an folgenden Punkten erkennen: Es ist nicht der Körper als solcher, sondern immer die lebendige Einheit von Körper-Seele-Geist, „Corporealität im Prozess", die Voraussetzung des Verstehens ist. Der Raum ist wichtig. Er ist nicht einfach schon da und wird akzeptiert, sondern er will bereitet, will auf die feiernde Gruppe hin gestaltet werden. Der Beginn des Gottesdienstes, der Über-

---

[15] Vgl. E. Schüssler Fiorenza, Zu ihrem Gedächtnis ... Eine feministisch-theologische Rekonstruktion der christlichen Ursprünge, Mainz 1998; dazu auch A. Noller, Feministische Hermeneutik. Wege einer neuen Schriftauslegung, Neukirchen 1995.

gang vom Alltag in den rituell gestalteten Zeit-Raum, wird sorgfältig begangen. Mehrere Stufen sind dabei möglich. Jeder Gottesdienst ist ein gemeinschaftlicher Gestaltungsprozess. Vorbereitung und Nachbereitung gehören dazu. Rund um die Frauenliturgien bilden sich Milieus, die Frauen bleiben anschließend zum Essen und Trinken zusammen, verabreden sich, neue Kontakte werden geschlossen, Kennenlernen wird möglich, lebendige Gemeinschaft erfahrbar. Bewegung und Tanz sind zentrale Elemente der Gestaltung. Der Gottesdienst wird im Kreis gefeiert. Die Gemeinschaft ist zentral. „Communio" als Teilhabe an einem Dritten geschieht manchmal mit Brot und Wein, manchmal aber auch durch das Teilen von Geschichten, von Liedern, von mitgebrachten Lebensmitteln. Die Erteilung des Segens erfolgt auf verschiedene Weise: Wechselseitiges Segnen macht manchmal den Anfang. Wünsche können geäußert werden, der Alltag mit seinen Herausforderungen und Beängstigungen hat Raum. Am Schluss wird der allgemeine Segen gesprochen. Wer kann, bleibt noch ein wenig. Es ist Raum für Gespräch, für gemeinsame Aktionen, für Essen und Trinken.

Im Rückgriff auf die niederländische Gender-Forschung habe ich diese performative Einheit, die auf immer neue Darstellung drängt, „Corporealität" genannt.
Deutlich wird: Der Gottesdienst wird gemeinsam gestaltet und gefeiert. Vollzug und Aneignung fallen in eins. Die feiernde Gemeinschaft sammelt sich um eine immer neu gestaltete Mitte, Zeichen der geheimnisvollen Präsenz Gottes. Sie lässt sich nicht definieren, sondern nur umschreiten, jede Perspektive ist ein Beitrag zum besseren Verstehen. Nur gemeinsam kann diese Mitte erfasst werden. Gerade die Elemente und Dimensionen des Gottesdienstes, die ihn als Geschehen in einer Gemeinschaft und verantwortet durch eine Gemeinschaft kennzeichnen, treten in Frauenliturgien deutlich hervor! Und ebenso wird deutlich, wie der Vollzug und die

individuelle Aneignung, die aktive symbolisch-rituelle Gestaltung und die mental-rationale Deutung zusammenfallen. Ein Hauch der frühchristlichen Dramaturgie, wie ich sie eingangs in der Taufliturgie der Frühen Kirche beschrieben hatte, wird wieder ahnbar. Die freien, situativ gestalteten, performativen Phasen des Gottesdienstes treten klar hervor. Insofern lassen sich Frauenliturgien in ihrer Intention wie Gestaltung als Performances bestimmen. Was bedeutet dies nun für das Verstehen einer solchen gottesdienstlichen Praxis?

PERFORMANCE ALS SIGNATUR DER SPÄTMODERNE – KONSEQUENZEN FÜR DEN GOTTESDIENST

Das Auftreten einer deutlich erkennbaren *Performance-Kultur* ist nun seinerseits Kennzeichen von Übergangsphasen in der Geschichte von Nationen oder Kulturen. Dies galt für die Spätantike, dies gilt für unsere heutige Zeit der Spätmoderne. Es gibt einen „performative turn"[16] in allen Bereichen von Wissenschaft, Kultur, Politik – und Religion. Kennzeichen für unsere gegenwärtige Zeit der Spätmoderne sind, in Stichworten aneinander gereiht: Die *De-Institutionalisierung* von Tradition wird sichtbar. Institutionen wie Kirche, Gewerkschaften, Parteien bröckeln, religiöse Traditionen, die bislang die Gesellschaft mehrheitlich prägten, verlieren an Bedeutung. Der symbolisch-rituelle Kosmos z. B. der Kirchen ist für viele Menschen keine innerlich prägende Welt mehr. Gleichzeitig ist das Bedürfnis nach Spiritualität und Ritualität groß, wird jedoch nicht

---

[16] Vgl. dazu etwa J. Martschukat / S. Patzold (Hg.), Geschichtswissenschaft und „performative turn", Köln 2003; D. Bachmann-Medick, Performative Turn, in: Dies., Cultural Turns, Neuorientierungen in den Kulturwissenschaften, Reinbeck ³2009, 104-143. Vgl. ebenso Chr. Wulf / J. Zirfas (Hg.), Die Kultur des Rituals. Inszenierungen, Praktiken, Symbole, Paderborn 2004.

mehr mit der „Sinnagentur Kirche" verknüpft. Vielmehr überwiegt die immer stärker werdende *Individualisierung* und Flexibilisierung, die den Menschen abverlangt wird, ihrerseits aber auch ihre Überzeugungen prägt.[17] Es gibt den von Peter L. Berger so benannten *Zwang zur Häresie*, zum Wählen, zum Selbstkomponieren der Elemente, die als nährend und tragend erfahren werden.[18] Die „Löcher" im Netz der verbindlich vorgeschriebenen und gemeinschaftlich geteilten Sinndeutungsmuster, auch im Kreis der sich zur Kirche zählenden Menschen, werden immer größer und zahlreicher. Die Notwendigkeit, diese Löcher auf je eigene Art zu stopfen, wird immer dringlicher. Performances helfen, solche Sinn-Deutungs-Löcher in der jeweiligen Situation zu füllen, insofern sie „Sinn" im individuellen und gemeinschaftlichen Tun erfahrbar machen.

Performances sind außerdem gleichgültig gegenüber Hierarchien. Performance-Musikkulturen, Performance-Theater entstehen „backstage", zum Beispiel in aufgelassenen Schlachthöfen, an den Rändern der Gesellschaft. Sie kümmern sich nicht um die Zentren der Macht. Sie bilden um sich Milieus, die dann, wenn sie „hip" sind, ins Zentrum der gesellschaftlichen Akzeptanz rücken (Love Parade), damit aber auch ihre Anziehungskraft einbüßen. Wenn sie politisch fokussiert sind, können sie eine enorme *hierarchie- und gesellschaftskritische Kraft* entfalten. Ein aktuelles Beispiel dafür sind die Friedensgottesdienste und Montagsde-

---

[17] Vgl. K. Gabriel, Christentum zwischen Tradition und Postmoderne, Freiburg [7]2000.

[18] Vgl. P. L. Berger, Der Zwang zur Häresie. Religion in der pluralistischen Gesellschaft, Freiburg–Basel 1992. Fundamentalismus kann insofern als die Motivation verstanden werden, diese Löcher in den gemeinschaftlichen Sinndeutungsmustern zu stopfen! Es drückt sich darin eine legitime Beheimatungssehnsucht aus, die jedoch auf eine nicht öffnende, nicht anschlussfähige Weise agiert.

monstrationen, die wir im Wiedervereinigungsprozess Deutschlands erlebt haben.

Wenn und insofern Frauenliturgien als Performances gedeutet werden können, zeigt dies ihre Bedeutung in zwei Richtungen:

Auch in den Frauenliturgien lässt sich zunächst die *dekonstruktive Kraft* performativer Gottesdienstgestaltung aufzeigen. Die patriarchale Gottessprache in den Lesungen und Gebeten der Liturgie wird nicht mehr angewendet oder mit einem kritischen Kommentar zitiert. Der Kreis demontiert die hierarchische Stufenfolge. Die Mitte hält den transzendenten Bezugspunkt bewusst undefiniert. Sie wird immer wieder um-wandelt, begangen, von unterschiedlichen Aspekten her kontempliert. Die Akzeptanz von corporealer Individualität und Gemeinschaft unterläuft die tradierten Dualismen von Kopf und Bauch, von Geist und Seele. Sie lässt Ausschau halten nach einer ganzheitlicheren Weise, Gottesdienst zu feiern.

Solche liturgischen Performances sind aber immer auch ein äußerst kreatives Geschehen, entfalten eine enorme *rekonstruktive* Kraft. Es spannt sich ein Zeit-Raum auf, in dem experimentiert werden kann, in dem neue Formen, aber auch neue Inhalte und Texte erprobt werden können. Es entstehen, wie ich es anfangs benannt habe, „Schwingungsräume der Seele", in denen die Teilnehmenden in Kontakt mit sich selbst kommen können, mit der Mitte und mit den Mitfeiernden. Innerhalb der Frauenliturgiebewegung ist so im Lauf der Zeit ein neuer symbolisch-ritueller Kosmos entstanden, eine Fülle von Gottesbildern, die als nährend und stärkend erfahren wurden. Eine Gebetssprache, die nicht mehr verletzt und ausgrenzt. Rituelle Handlungen und Vollzüge, die darauf bedacht sind, die innere Aneignung, aber auch den eigenen Ausdruck zu ermöglichen. Welche Impulse und Konsequenzen können nun als Beitrag der Frauenliturgiebewegung für den Gottesdienst der ganzen Kirche angesehen werden?

Da ist zunächst die Herausforderung, den Gottesdienst

wieder als eine gemeinschaftliche Aufgabe zu verstehen und zu gestalten. Der Aspekt *der Gemeinschaft* und der gemeinschaftlichen Verantwortung des Gottesdienstes ist wiederzugewinnen, wie er am Anfang der christlichen Kirche selbstverständlich war. Zugleich will der Gottesdienst als *ein Geschehen,* als ein Prozess verstanden werden, in dem sich jede und jeder Einzelne mit ihrem, seinem Lebenskontext, mit den jeweiligen Fragen und Nöten einbringen kann. Jeder Gottesdienst will ein Zeit-Raum sein, in dem die Seele sich entfalten kann, in dem wir in Kontakt mit uns, den Mitfeiernden und dem großen Lebenszusammenhang kommen, den wir als transzendente Dimension, als Gott, bezeichnen. In dem Maß, wie Gottesdienste wieder in dieser Weise gestaltet und gefeiert werden, werden sie zu Räumen heilsamer, seelsorgerlicher Begegnung untereinander.

DER NACHTGOTTESDIENST IN DER ELISABETHKIRCHE ALS EIN LITURGISCH-SEELSORGERLICHER UND PERFORMATIV GESTALTETER ZEIT-RAUM

Ich bin überzeugt, dass der Nachtgottesdienst in der Elisabethkirche zu einer immer besser gelingenden liturgischen Performance in einem universitären Kontext der Spätmoderne werden kann.

Spätmodern ist der Rahmen. Da ist einerseits die Barockkirche, katholische Gastfreundlichkeit gegenüber einer zunächst evangelischen Initiative. Andererseits ein Gottesdienst, der gemeinschaftlich gestaltet und in seinem Profil entwickelt wird. Die Nacht als Zeit und Raum erleichtert es, wie es die Taufliturgie der Frühen Kirche zeigte, zu den eigenen Tiefenschichten Beziehung aufzunehmen. Die Nacht als Zeit des Unbewussten, der positiven Regression, der Ahnung, der vorgeburtlichen Sehnsucht nach dem Morgen. Das Pilgern, die Prozession bringt alle in Bewegung. Wenn der Körper in Gang kommt, kann die Seele ebenfalls in Fluss kommen, Ballast abwerfen, sich dem Neuen zuwenden. Tanz und Rhythmus im Pilgerinnenschritt synchronisieren die Teilnehmenden ohne Worte zu einer übergreifenden Gemeinschaft. Zugleich ist er die symbolische Abbildung unseres eigenen Lebensweges, der nie einfach linear verläuft. Der Pilgerinnenweg führt im Zickzack durch den Kirchenraum. Die Aufgabe stellt sich, den eigenen Lebens- und Glaubensweg zu suchen. Die alten, hierarchisch geordneten Raum- und Zeit-Wege werden dadurch durchkreuzt. Dies ist allgemein das Charakteristikum der Spätmoderne. Schließlich der Kreis um den Altar, der ein einprägsames Raumbild für Gemeinschaft darstellt. Gastfreundschaft und Stärkung auf dem Weg werden erfahrbar. Im Kreis schließen sich Raum und Bewegung zu einer Form, die anschaulich wird. Heilsame Balance von Bewegung und Ruhe, Individualität und Gemeinschaft wird erlebt. Die Seele kann zur Ruhe kommen, sich nähren und stärken lassen. Unsere Seele lebt von solchen Raumbildern, in denen sich stimmig ausdrückt, was wir glauben, was wir als nährend und tragend in unserem Glauben erfahren. Ansprache und Fürbitten von Pfarrern und Teilnehmer(inne)n gemeinsam formuliert und vorgetragen – verbinden uns imaginativ mit anderen Menschen an vielen Orten, mit dieser Erde und allen Mitwesen dieser Schöpfung. Der Segen und die Agapefeier nähren als Wegzehrung hinein in den Alltag. Der Alltagstisch im Vorraum der Kirche markiert den Abschied. Das restliche Brot wird noch aufgegessen, Wasser ausgetrunken. Gespräche können sich entwickeln.

Dies alles erinnert an den „vernünftigen Gottesdienst", die alltägliche Performance, wie sie Paulus in Röm 12,1f beschreibt, an den Gottesdienst im Alltag der Welt, am Studienplatz, in der Hochschulgemeinde, wo auch immer. Und so wird dieser nächtliche Gottesdienst zugleich zu einem Ort der Seelsorge, an dem Zuwendung, Nachfragen, Kennenlernen, Kommunikation des Evangeliums auf der zwischenmenschlichen Ebene geschehen kann. Der Nachtgottesdienst in der Elisabethkirche gibt uns zu denken und wird uns weiter in Bewegung halten. Die Spannung zwischen „Alltagstisch" und „Altartisch" gilt es immer neu auszuloten. Und so wird hoffentlich immer neu erfahrbar, was das Evangelium sagt (vgl. Mt 11,28): „Kommt her, die ihr mühselig und beladen seid, ich will euch erquicken. Ich will, dass ihr mit Leib, Seele und Geist die Präsenz Gottes und das Fest des Glaubens in eurem Leben feiern könnt!"

DER ÖKUMENISCHE NACHTGOTTESDIENST IN ST. ELISABETH ALS LITURGISCHES MODELL

- 1. Station: „Alltagstisch" im Vorraum der Kirche
- Begrüßung, Erklärung der Liturgie, Einladung zur abschließenden Agape
- Taizé-Lied
  Es sollte – während des Pilgerns durchgehend gesungen – einen guten Rhythmus des Schreitens ermöglichen.
  Der Pilger(innen)schritt selbst setzt sich folgendermaßen zusammen: 3 Schritte vorwärts, rechts beginnend, 1 Schritt zurück im Wiegeschritt, 3 Schritte vorwärts usw., rechte Hand auf die linke Schulter des/der Vorherschreitenden.
  Wird der Pilger(innen)schritt geübt, ist ein Lied im 4/4-Takt auszuwählen!
- Lesung 1 – Stille
- Taizé-Lied
- Pilgern zur 2. Station
- 2. Station: Marienstatue rechts an der Kirchenwand
- Lesung 2 – Stille
- Taizé-Lied
- Pilgern zur 3. Station
- 3. Station: Ikone links an der Kirchenwand
- Lesung 3 – Stille
- Pilgern in den Chorraum
- 4. Station: Chorraum
- Kreis um den Altar
- Auslegung der Texte im Zusammenhang
- Fürbitten
- Segen
- Taizé-Lied
- Pilgern durch den Mittelgang zum „Alltagstisch" im Vorraum
  5. Station: „Alltagstisch" im Vorraum
  Tischgebet, Teilen von Brot und Wasser (fakultativ Wein) als Stärkung auf dem Weg nach Hause
- Beisammenbleiben, reden, sich verabreden ...

Brigitte Enzner-Probst

DER ÖKUMENISCHE BRUNNENPILGERWEG

EIN BEISPIEL DER SEHNSUCHT NACH EUCHARISTISCHER GASTFREUND(INNEN)SCHAFT IN BEWEGUNG

Im Folgenden möchte ich ein zweites Modell vorstellen, das ebenfalls dem Ziel entspricht, den Gleichklang von rituellem gemeinschaftlichen Gestalten und individuellem Verstehen im Prozess zu ermöglichen. Es ist eine Frucht des Ökumenischen Kirchentages in München und ist mir erst im Nach-Denken als eine zweite mögliche Entsprechung zur Intention meines obigen Vortrags deutlich geworden. Unsere Vorbereitungsgruppe in der Evangelischen Hochschulgemeinde TU München mit dem Namen WÖM – Werkstatt Ökumene München – hat sich schon einige Jahre vor dem Ökumenischen Kirchentag 2010 auf dieses Ereignis vorbereitet.

Eines unserer Projekte war die Idee eines Brunnenpilgerwegs. Er sollte an sieben Brunnen der Innenstadt entlangführen. Jeder Brunnen wurde als eine Station verstanden, an der die Gemeinschaft verweilte, sich mit dem historischen Ort vertraut machte, Impulse zum Weiterdenken erhielt und mit einem Bibelwort, Gebet und Lied gestärkt wurde. In einem längeren gemeinschaftlichen Vorbereitungsprozess wuchs dieser Brunnenweg langsam zu seiner ganz eigenen Gestalt heran.

Während des ÖKT haben wir ihn zweimal durchgeführt, einmal bei Regen, einmal bei kaltem, aber trockenem Wetter. In beiden Fällen waren Gruppen von 30 bis 60 Menschen unserer Einladung gefolgt. Es herrschte eine dichte, intensive Atmosphäre. Gerade das schweigende Gehen von einer Station zur anderen ließ eine Atmosphäre von Energie und Schutz um die Gehenden herum entstehen.

Wir Mitglieder der Vorbereitungsgruppe haben diese beiden Pilgerwege als ein berührendes Miteinander erfahren, ohne Hierarchie, ohne Spaltung, als einen gemeinsamen Prozess des Leitens und zugleich des Mitfeierns.

Sowohl die Vorbereitung wie die Durchführung gehören für mich zu den Höhepunkten des Ökumenischen Kirchentags in München!

Im Folgenden soll diese Liturgie näher vorgestellt werden. Sie artikuliert auf eine andere Weise als der Nachtgottesdienst, aber dennoch überzeugend, dass es möglich ist, das gemeinschaftliche Gestalten, den liturgischen Prozess, die Deutung und die individuelle, innere Aneignung erfahrbar zu machen.

Die Rückmeldung von vielen Teilnehmenden, die Nachfrage nach den Liturgieheften, die Bereitschaft, eine ähnliche Liturgie an anderen Orten, mit anderen historischen Themen zu gestalten und zu feiern, machen deutlich, dass hier eine große Sehnsucht nach diesen performativen Formen des Gottesdienstes herrscht.

BRUNNENPILGERINNEN- UND PILGERWEG

auf dem Ökumenischen Kirchentag 2010 in München
Ein Projekt der Werkstatt Ökumene München – WÖM[1]

Auf dem Ökumenischen Kirchentag München 2010 lassen wir uns zu einem Pilgerinnen- und Pilgerweg einladen. Aus den unterschiedlichen christlichen Konfessionen bewegen wir uns aufeinander zu. Im gemeinsamen Gehen finden wir unseren Rhythmus. Auf diesem Weg erfahren wir, dass es Oasen gibt, Stationen der Ermutigung, an denen wir uns niederlassen können, an denen wir gestärkt werden, miteinander Brot und Wasser teilen. Wir von der Gruppe „Werkstatt Ökumene München – WÖM" laden Sie ein, in einem Pilgerinnen- und Pilgerweg entlang von sieben Brunnen unserer Sehnsucht nach einer gastfreundlichen Ökumene der Kirchen Ausdruck zu geben. Impulse und Gebete mögen uns ermutigen, voller Hoffnung auf unserem Weg zu einer selbstverständlichen Gastfreundschaft der Kirchen weiterzupilgern!

Viel Freude beim Brunnen-Pilgern!

Für die Gruppe „Werkstatt Ökumene München – WÖM"

Brigitte Enzner-Probst
Geneviève Günther
Else Meindl
Christiane Schäfer

---

[1] Das damals gedruckte Teilnehmendenheft ist nach wie vor in der EHG-TU München erhältlich – ehg@ehg-tum.de

1. KRAFT

WITTELSBACHERBRUNNEN
Lenbachplatz

Wasser ist ein gewaltiges Element, das viel bewegen, aber auch zerstören kann. Dieser Brunnen fordert uns auf, unsere Kraft für das Leben einzusetzen.

Biblisches Wort: Psalm 1,1-4
(Übersetzung: „Bibel in gerechter Sprache")

Glücklich sind die Frau, der Mann, die nicht nach den Machenschaften der Mächtigen gehen, nicht auf dem Weg der Gottlosen stehen noch zwischen Gewissenlosen sitzen, sondern ihre Lust haben an der Weisung GOTTES, diese Weisung murmeln Tag und Nacht. Wie Bäume werden sie sein – gepflanzt an Wasserläufen, die ihre Frucht bringen zu ihrer Zeit, und ihr Laub welkt nicht. Was immer sie anfangen, es führt zum Ziel. Nicht so die Machtgierigen: Wie Spreu sind sie, die ein Wind verweht.

Wir beten

Von deiner Macht, Gott, leben wir, Tag um Tag. Hilf uns, aufbauend und nicht zerstörend zu wirken. In deiner Güte nehmen wir dankbar an, was wir zum Leben brauchen. Amen.

Wir singen

Jubilate deo, jubilate deo, alleluja.
Freut euch im Herrn.
(Kanon von Michael Praetorius, 16. Jahrhundert)

2. VERTRAUEN

MOSESBRUNNEN
Lenbachplatz, Innenhof/Maxburg

Unser Lebensweg ist oft beschwerlich. Auch der Weg der christlichen Kirchen aufeinander zu ist steinig. Das Ziel erscheint noch weit entfernt. Manches ist wie ausgetrocknet. Wo kommt wieder etwas in Fluss? Woher bekommen wir Einfälle? Hat sich nicht alles wieder verhärtet? Unser Vertrauen ist gefragt. Vertrauen in Gottes Kraft: Verhärtete Strukturen werden aufgebrochen, neues Leben beginnt zu sprudeln.

Biblisches Wort: 2. Mose 17,1-6
(Übersetzung: „Gute Nachricht Bibel, 2000")

Auf Befehl des Herrn zog die ganze Gemeinde Israel von der Wüste Sin aus weiter. Einmal schlugen sie ihr Lager bei Refidim auf. Dort gab es kein Trinkwasser. Da machten die Israeliten Mose schwere Vorwürfe und forderten: „Gib uns Wasser zum Trinken!" Mose erwiderte: „Warum macht ihr mir Vorwürfe? Warum stellt ihr den Herrn auf die Probe?" Aber die Leute von Israel hatten großen Durst, sie murrten gegen Mose und sagten: „Wozu hast du uns aus Ägypten herausgeführt? Nur damit wir hier verdursten?" Da schrie Mose zum Herrn: „Was soll ich mit diesem Volk machen? Es fehlt nicht viel und sie steinigen mich!" Der Herr antwortete ihm: „Rufe ein paar von den Ältesten Israels zu dir und geh mit ihnen dem Volk voran. Nimm den Stock in die Hand, mit dem du ins Nilwasser geschlagen hast. Dort drüben auf dem Felsen, am Berg Horeb, werde ich dich erwarten. Schlag an den Felsen, dann wird Wasser herauskommen und das Volk kann trinken." Vor den Augen der Ältesten Israels tat Mose, was der Herr ihm gesagt hatte.

Wir beten

Du Gott der Wunder, wir bitten dich, erfrische unsere ausgedörrten Seelen, bringe ins Fließen, was in uns und unseren Kirchen verhärtet ist. Amen.

Wir singen

Nada te turbe, nada te espante; quien a Dios tiene, nada le falta.
Nada te turbe, nada te espante: sólo Dios basta.
Nichts beunruhige dich, nichts ängstige dich:
Wer Gott hat, dem fehlt nichts. Gott allein genügt.
(Gesänge aus Taizé)

3. STILLE

BRUNNENANLAGE IM EHEMALIGEN
KARMELITINNENKLOSTER
Pacellistraße 8, Pacelli-Passage

Dieser Brunnen ist wie eine Oase der Ruhe mitten in der Stadt. Draußen sind Trubel und Hetze, hier dagegen ist ein Platz zum Still-Werden, wir horchen in uns hinein, steigen aus der Zeit aus, dann kann sich Unerwartetes einstellen.

Biblisches Wort: Jesaja 30,15

(Übersetzung Martin Luther)
Denn so spricht der Herr, der Heilige in Israel: „Wenn ihr umkehrt und stille bleibt, so wird euch geholfen, durch Stillesein und Hoffen werdet ihr stark sein."

Wir beten

Wie Kinder, die weinen und schreien, von ihren Eltern gestillt, genährt und versorgt werden, so dass sie sich beruhigen und wieder lachen – so stille auch du uns, Gott. Im Getriebe unseres Lebens, im Weinen unserer

Seele, in der Hast unserer Verpflichtungen – nähre und versorge uns, kraftspendender Gott. Amen.

Wir singen

Bei Gott bin ich geborgen, still, wie ein Kind, bei ihm ist Trost und Heil. Ja, hin zu Gott verzehrt sich meine Seele, kehrt in Frieden ein.
(Gesänge aus Taizé)

4. LEBEN

NORNENBRUNNEN
Maximiliansplatz

Die drei Schicksalsgöttinnen: Urd (Vergangenheit), Verdandi (Gegenwart) und Skuld (Zukunft) lenken in der Mythologie die Geschicke der Menschen, indem sie die Fäden des Schicksals spinnen und weben. Auch wir sind durch unsere Geburt hineingewoben in einen Lebenszusammenhang. Durch die Taufe sind wir eingeknüpft in den Vertrauenszusammenhang der Glaubenden und herausgefordert, an einem Netzwerk mitzuspinnen, auf dass ein gastfreundliches Miteinander zwischen den Kirchen und Konfessionen, zwischen Menschen, Religionen und Nationen entsteht. Wie kann ich diesen Faden aufnehmen und weiterspinnen?

Biblisches Wort: Römer 6,3-4
(Übersetzung: „Gute Nachricht Bibel, 2000")

Ihr müsst euch doch darüber im Klaren sein, was bei der Taufe mit euch geschehen ist. Wir alle, die „in Jesus Christus hinein" getauft wurden, sind damit in seinen Tod hineingetauft, ja hineingetaucht worden. Durch diese Taufe wurden wir auch zusammen mit ihm begraben. Und wie Christus durch die Lebensmacht Gottes, des Vaters, vom Tod auferweckt wurde, so ist uns ein neues Leben geschenkt worden, in dem wir nun auch leben sollen.

Wir beten

Du Gott des Lebens, durch unsere Geburt sind wir in ein Geflecht des Lebens hineingewoben, das uns verbindet. Durch unseren Glauben sind wir in ein Netzwerk von Liebe und Hoffnung hinein getauft, das uns trägt. Aber so manche Fäden sind zerrissen. Nur mühsam können wir noch Verbindungen erkennen. Zeig uns, wie wir zueinander finden und am Netz des Lebens weiterknüpfen können. Amen.

Wir singen

Ubi caritas et amor, ubi caritas, deus ibi est.
Wo Güte und Liebe herrschen, da ist Gott.
(Gesänge aus Taizé)

5. QUELLE

NYMPHENBRUNNEN
Odeonsplatz, Hofgarten

Dieser Brunnen ist der einzige Brunnen Münchens, der aus dem Grundwasser schöpft. Gerade das Grundwasser ist so besonders, ist lebenswichtig, denn es ermöglicht Bäumen, längere Zeiten der Trockenheit durchzustehen. Auch unsere Kirchen finden da zusammen, wo sie sich auf das Grundwasser besinnen, auf das, worauf Jesus von Nazareth und viele Religionsstifter hinweisen: Gottes Liebe und Vergebung, die Vision von einem Miteinander aller Menschen. Wir nähren uns von dieser Quelle, wenn wir uns heute um ein neues Miteinander der Konfessionen und Religionen bemühen.

Da kam eine samaritische Frau zum Wasserholen. Jesus sagte zu ihr: „Gib mir einen Schluck Wasser!" Seine Jünger waren ins Dorf gegangen, um etwas zu essen zu kaufen. Die Frau antwortete: „Du bist ein Jude und ich bin eine Samariterin. Wie kannst du mich da um etwas zu trinken bitten?" – Die Juden vermeiden nämlich jeden Umgang mit Samaritern. Jesus antwortete: „Wenn du wüsstest, was Gott den Menschen schenken will und wer es ist, der dich jetzt um Wasser bittet, dann hättest du ihn um Wasser gebeten und er hätte dir lebendiges Wasser gegeben."

Wir beten

Du unerschöpflicher Brunnen der Güte, du Grundwasser unseres Lebens, du unser Gott – immer wieder lass uns hinabsteigen und uns sättigen in der Gemeinschaft mit dir. Mach uns bereit miteinander zu teilen, was wir geschöpft, was wir erfahren und was wir erlitten haben. Amen.

Wir singen

Confitemini Domino, quoniam bonus.
Confitemini Domino, alleluja!
Danket dem Herrn, denn er ist gut.
(Gesänge aus Taizé)

6. SCHEIN

TAUBEN-MARIE-BRUNNEN
Salvatorstraße 3, Amira-Passage, Fünf Höfe

Dieser Brunnen ist zum größten Teil zugeschüttet, das Wasser fließt fast nicht mehr. Der Brunnen erfüllt nicht mehr seinen Dienst, er hat seinen Sinn verloren und ist nur Dekoration, schöne Hülse, aber ohne Inhalt. Sind auch unsere Kirchen nur noch leere Hülsen? Mehr auf Dekoration bedacht, als lebendiges Wasser zu fördern?

Biblisches Wort: Matthäus 23,1-5
(Übersetzung: „Gute Nachricht Bibel, 2000")

Darauf wandte sich Jesus an die Menschenmenge und an seine Jünger und sagte: „Die Gesetzeslehrer und die Pharisäer sind die berufenen Ausleger des Gesetzes, das Mose euch gegeben hat. Ihr müsst ihnen also gehorchen und tun, was sie sagen. Aber nach ihrem Verhalten dürft ihr euch nicht richten; denn sie selber tun gar nicht, was sie lehren. Sie schnüren schwere, kaum tragbare Lasten zusammen und laden sie den Menschen auf die Schultern, aber sie selbst machen keinen Finger krumm, um sie zu tragen. Alles, was sie tun, tun sie nur, um von den Leuten gesehen zu werden."

Wir beten

Zu schnell geben wir uns zufrieden, Gott, mit dem äußeren Schein und merken erst spät, dass wir von der Quelle abgeschnitten sind. Du aber willst, dass wir nicht nachlassen, nach dem Wasser des Lebens zu bohren. Segne unser Suchen und unser Unbequemsein. Amen.

Wir singen

De noche iremos, de noche, que para encontrar
la Fuente.
Sólo la sed nos alumbra, sólo la sed nos alumbra.
In dunkler Nacht woll'n wir ziehen, lebendiges Wasser
finden. Nur unser Durst wird uns leuchten, nur unser
Durst wird uns leuchten.
(Gesänge aus Taizé)

7. GEMEINSCHAFT

BRUNNENANLAGE AM DOM
Frauenplatz 1

Dieser Brunnen ist ein sozialer Treffpunkt. Menschen kommen und gehen, ruhen sich aus, gönnen sich etwas Zeit zwischendurch. Wir brauchen ein Drittes, um uns zu begegnen, ein Medium, damit wir zusammenkommen. Communio, Gemeinschaft, ist die Teilhabe an einem Dritten. Der Brunnen stiftet Gemeinschaft. Viele haben Teil an seinem Wasser, an der Möglichkeit, sich zu setzen, zu erfrischen und Anderen zuzuschauen. Wir alle haben Teil an einem Dritten, an Gottes Freundlichkeit und Güte, an der Offenheit, die wir an Jesus von Nazareth lernen können, an Gottes Geist, der uns immer wieder aufhilft.

Biblisches Wort: Lukas 15,1-2
(Übersetzung Martin Luther)

Es nahten sich ihm aber allerlei Zöllner und Sünder, um ihn zu hören. Und die Pharisäer und die Schriftgelehrten murrten und sprachen:
„Dieser nimmt die Sünder an und isst mit ihnen."

Wir beten

Gott, gib uns etwas von deiner Großzügigkeit. Gib uns den Mut, über unseren Schatten zu springen. Lass uns Gemeinschaft suchen, mit denen, die wir kennen, aber besonders auch mit denen, die uns fremd erscheinen. Amen.

Wir singen

Spiritus Jesu Christi, Spiritus caritatis,
confirmet cor tuum, confirmet cor tuum.
*Der Geist Jesu Christi, der Geist der Liebe,
stärke dich im Herzen.*
(Gesänge aus Taizé)

153

Einladung zur Agape

Wir beenden unseren gemeinsamen Pilgerinnen- und Pilgerweg an diesem Brunnen. Wir haben den Weg unter unseren Füßen gespürt und freuen uns, wenn wir uns nun setzen dürfen.
Wir sind hungrig und durstig geworden und möchten uns jetzt, wenn wir miteinander Brot und Wasser teilen, auf unserem gemeinsamen Weg stärken. Lasst uns miteinander Agape feiern.

AGAPEFEIER VOR DEM DOM

Votum

Im Namen der schöpferischen Kraft, die alles ins Leben gerufen hat – auch uns! Im Namen der göttlichen Liebe, die den glimmenden Docht nicht auslöscht und den geknickten Halm nicht gänzlich zerbricht. Im Namen der göttlichen Geistkraft, die uns begeistert und führt.

Gebet

Du unsere Quelle, du unser Meer, du unser Brot und unser Leben, du Anfang und Ende, zu dir wenden wir uns am Ende unseres Pilgerweges.
Wir haben Hunger und Durst nach einer Gastfreundschaft unter den Kirchen, die selbstverständlich gelebt werden kann, ohne Verbote und ohne Drohungen, ohne Grenzen und ohne schlechtes Gewissen.
Wir bitten dich, lass uns nicht müde werden, dies einzufordern, dafür zu werben, dafür zu leben. Amen.

Lied

Meine Hoffnung und meine Freude, meine Stärke, mein Licht, Christus, meine Zuversicht, auf dich vertrau' ich und fürcht' mich nicht, auf dich vertrau' ich und fürcht' mich nicht.
(Gesänge aus Taizé)

Segen über Brot und Wasser

Gesegnet das Brot:
Gewachsen auf unterschiedlichen Feldern, geerntet, gedroschen, gereinigt, gemahlen, zu einem Teig vermengt, gebacken, verkauft, gekauft und für uns heute ausgeteilt. Gesegnet das Brot der Einheit.
Möge es uns stärken auf unserem Weg!

Gesegnet das Wasser:
Aus dem Mangfalltal hergeholt, frisches, klares Wasser, notwendig zum Leben, zum Trinken, zum Reinigen, zum Wachsen. Gesegnet das Wasser des Lebens.
Möge es uns stärken auf unserem Weg!

Brot und Wasser austeilen
Gemeinsam essen und trinken

Vaterunser
Schlusssegen

(Alle Gesänge aus Taizé: Copyright Presses et Ateliers de Taizé, 71250 Taizé, France)

Apostolos Malamoussis

DIE ORTHODOXE ARTOKLASIA
ALS ÖKUMENISCHE CHANCE

Eine neue Vokabel beherrscht seit Kurzem die Ökumene, insbesondere wenn es um die Vorbereitung des
2. Ökumenischen Kirchentages geht: *Artoklasia*. Ja,
wenn sogar die Präsidenten des Kirchentages in ihren
Verlautbarungen zur geplanten orthodoxen Vesper am
Freitag, dem 14. Mai 2010, von einem der erwarteten
Höhepunkte des Kirchentages sprechen, darf man die
Frage stellen, was die Artoklasia eigentlich ist.
Etymologisch setzt sich das Wort aus zwei Komponen-
ten zusammen: „Artos" bedeutet Brot und „Klasi" ist
das Brechen; es geht also um eine Brotbrechung.
Die Artoklasia ist ein Teil des orthodoxen Vespergottesdienstes (bei den Slaven und Rumänen „Litia" genannt).
Fünf Brote, Wein, Öl und Weizen werden am Vorabend
großer Feste oder am Samstagabend gesegnet. Dabei
wird im Segnungsgebet an die Speisung der Fünftau-
send erinnert.

> Herr Jesus Christus, der Du gesegnet hast die fünf
> Brote in der Wüste und Fünftausend gespeist hast,
> segne Du auch diese Brote, den Weizen, den Wein
> und das Öl und mehre sie in dieser Stadt und Dei-
> ner ganzen Welt und heilige die davon kostenden
> Gläubigen. Denn Du bist es, der alles segnet und
> heiligt, Christus, unser Gott, und Dir senden wir
> Verherrlichung empor samt Deinem anfanglosen Va-
> ter und Deinem allheiligen und guten und lebendig
> machenden Geiste, jetzt und immerdar und von
> Ewigkeit zu Ewigkeit. Amen.

Sie merken, dass diese Feier keineswegs eine neue Er-
findung oder gar ein Trick ist, der ersonnen wurde, um

die Frage der Interkommunion beim Kirchentag zu umgehen.

Gestatten Sie mir, einige kurze Thesen zur Artoklasia als ökumenischer Chance zu formulieren:

1. Die Artoklasia ist ein authentischer Bestandteil der orthodoxen Frömmigkeit.

Wie gesagt, wird sie nicht nur in den Klöstern, woher sie ursprünglich wohl stammt, sondern auch in unseren Gemeinden häufig und gern gefeiert.

2. Die Artoklasia ist eine Feier der Gemeinschaft, die auch jenen offen steht, mit denen wir (noch) nicht die heilige Eucharistie gemeinsam feiern können. Es gibt in unserer Tradition diese und auch andere Formen nichteucharistischer Gemeinschaft. Denken Sie nur an das so genannte *Antidoron* am Ende der Göttlichen Liturgie. „Anti" heißt im Griechischen „statt, anstatt" und „Doron" ist das Geschenk der hl. Eucharistie. Antidoron ist also nicht das Gegengeschenk, sondern das Geschenk der Gemeinschaft anstatt des gemeinsamen Abendmahles. Es gibt also die Möglichkeit dieser so großen Nähe, ohne den Schmerz über die noch nicht vorhandene endgültige Einheit im Glauben zu vergessen.

3. Die Artoklasia in München ist eine Einladung der orthodoxen Kirche an die Teilnehmerinnen und Teilnehmer des 2. ÖKT. Waren die Orthodoxen in Berlin beim 1. ÖKT nur mehr oder weniger Zaungäste, sind sie jetzt dabei, durch Mitarbeit im Präsidium und den diversen Kommissionen. Der orthodoxe Vespergottesdienst, den es immer bei Katholikentagen und Kirchentagen gegeben hat, ist von der Peripherie ins Zentrum gerückt. Man kann also sagen, dieser Gottesdienst gestaltet den Ablauf des 2. ÖKT entscheidend mit.

4. Die Artoklasia ist eine Einladung einer in Mitteleuropa kleinen Kirche an die Mitglieder der beiden großen Kirchen, die den ÖKT veranstalten. Es kommt in der Ökumene nicht auf die Größe, Mitgliederzahl oder finanzielle Stärke an, sondern auf das Bemühen, den Anderen zu verstehen und zu akzeptieren. Eine kleine

157

Kirche Deutschlands lädt zum Kennenlernen des Reichtums der gemeinsamen Tradition ein und erinnert an die Alte, ungeteilte Kirche.

5. Die Artoklasia wird ein orthodoxer Gottesdienst sein, von dem es im Programmheft heißt, dass er „in ökumenischer Gemeinschaft" stattfindet. Dies heißt, dass er natürlich keine Interzelebration oder irgendeinen Synkretismus beinhaltet. Stattdessen sind Vertreterinnen und Vertreter aus allen Konfessionsfamilien der ACK daran beteiligt, indem sie Gebete sprechen oder Psalmen vorlesen. Die ökumenische Gemeinschaft ist natürlich auch durch die große Zahl nicht-orthodoxer Christen gegeben, die mit-beten und mit-feiern werden. Hier wird nicht etwas vorgeführt, sondern gemeinsam gefeiert.

6. Die ökumenische Chance der Artoklasia besteht aber auch darin, mit welcher Offenheit und Herzlichkeit diese Idee der Orthodoxen von den Gremien des Kirchentages aufgegriffen wurde. Darüber hinaus ist die Artoklasia zum Ausgangspunkt vieler ökumenischer Diskussionen über Mahlgemeinschaft geworden. Lassen Sie es mich so sagen: Natürlich wäre es wunderschön, wenn wir am 14. Mai 2010 gemeinsam Eucharistie feiern könnten. Nur sind wir leider noch nicht so weit. Vielleicht werden die Historiker eines Tages sagen, dass die Artoklasia von München eine wichtige Station auf dem Weg zur Einheit der Kirche und zur gemeinsamen Feier der heiligen Eucharistie war.

7. Die Artoklasia wird immer mit Brot gefeiert. Das Brot ist es ja, was uns an diesen Weg zum gemeinsamen Abendmahl erinnert. Bei den Griechen machen wir etwas Schlaues: Wir süßen dieses Brot ein wenig, als ob wir den bitteren Geschmack der Trennung ein bisschen verdrängen wollen. Ein Brot ist aber immer eine Aufforderung zum Teilen; in keiner Kultur – insbesondere nicht in der christlichen – ist das Brot Sinnbild des Egoismus, sondern stets – wie es im Vaterunser heißt – *unser Brot*. Dass Martin Luther das griechische Adjektiv „epiousios" mit „täglich" übersetzt hat, lässt vergessen,

dass darin *ousia* steckt, das Wesen oder das Wesentliche der menschlichen Existenz. Martin Luther war es aber auch, der in seiner Auslegung zum Vaterunser die ganze Dimension des Wortes *artos* erläuterte und eine Fülle von Inhalten lieferte.

8. Die Artoklasia wird traditionell darüber hinaus mit Wein, Öl und Weizen gefeiert. Wein und Öl sind nicht nur „Gaben Gottes und gleichzeitig Produkte menschlicher Arbeit" – deshalb werden sie zum Beispiel bei der Bestattung auch in das offene Grab gegossen –, sondern erinnern an den Barmherzigen Samariter, der die Wunden des unter die Räuber Gefallenen mit Wein und Öl pflegte. Alles diakonische Handeln der Orthodoxen hat einen liturgischen Ursprung, und wer der Auffassung ist, dass orthodoxes Christentum *nur* Liturgie, *nur* Kontemplation, *nur* Anbetung ist, ohne praktisches Handeln, der hat uns nicht verstanden oder der möchte uns nicht verstehen. So erinnern uns diese Gaben der guten Schöpfung an den Schöpfer – nicht nur als Erntedank, sondern als ständiger Hinweis auf den barmherzigen Gott, der uns zur Barmherzigkeit am Nächsten ruft.

9. Und der Weizen ist natürlich ein Symbol der Auferstehung, das den orthodoxen Christen ebenfalls auch in anderen Zusammenhängen geläufig ist.

Das Weizenkorn muss in die Erde eingehen und sterben, um neues Leben hervorzubringen. Gerade in den landwirtschaftlich geprägten Gesellschaften der frühen Kirche wusste man auch von der Geduld, die der Sämann aufbringen musste, um in den Wintermonaten zu säen, und gleichzeitig wusste man auch von der österlichen Hoffnung auf den Frühling, der neues Leben brachte.

10. Auf dem Brot der Artoklasia ist meistens jener Brotstempel zu finden, in dessen Mitte die acht griechischen Buchstaben IS XS NIKA zu erkennen sind. Übersetzt heißt dies „Jesus Christus siegt", und es ist kein Zufall, dass dies in der Mitte des Brotes steht, so wie der Sieg Christi über den Tod in der Mitte der Ge-

schichte und des Kosmos steht. Die Artoklasia ist also eine christozentrische Feier, selbst wenn wir auch die Namen der Gottesmutter und vieler Heiligen und Engel hören. Artoklasia als ökumenische Chance heißt also Rückbesinnung auf Christus, Erinnern an die Barmherzigkeit und Hoffnung auf die Auferstehung.

RÜCKBLICK AUF DEN ÖKUMENISCHEN KIRCHENTAG – RÜCKBLICK AUF DIE ARTOKLASIA AM FREITAG, DEM 14. MAI 2010

Die Artoklasia als Teil des Ökumenischen Vespergottesdienstes auf dem Münchner Odeonsplatz war eine bewegende Feier gewesen. Weit mehr als die 10 000 erwarteten Teilnehmer und Teilnehmerinnen waren gekommen, man sprach von fast der doppelten Anzahl an Gästen dieses Gottesdienstes.

Der Gottesdienst war sehr gut organisiert und theologisch eingehend vorbereitet – dcutschc Organisationsfreude und orthodoxe, festliche Liturgie fanden in idealer Weise zusammen. Auch war es möglich, dass unter den orthodoxen Kirchen Europas unsere traditionelle förderliche Gemeinschaft wirksam wurde: Bischöfe, Priester, Diakone, Chöre feierten vertrauensvoll miteinander. Die beiden Präsidenten des Ökumenischen Kirchentages wurden selbstverständlich mit tragenden Rollen in die Liturgie eingebunden, soweit dies nach orthodoxem Verständnis möglich war.

Wir Bischöfe, Priester und Diakone, zudem die Sängerinnen und Sänger aus der orthodoxen Kirche waren das allererste Mal konfrontiert mit einem Vespergottesdienst nicht in einer Kathedrale, sondern unter freiem Himmel, noch dazu aus Anlass eines Kirchentages. Es wurde uns gewahr, dass wir als selbstverständlicher Teil des Ökumenischen Kirchentages akzeptiert und gewürdigt waren. Das, was wir so erhofft und im Stillen erwartet hatten, ist eingetroffen: Eine in West-Europa kleine Kirche durfte einen Mittelpunkt eines großen

Ökumenischen Kirchentages gestalten und wurde voll akzeptiert und freundschaftlich angenommen!

Die orthodoxe Liturgie des Vespergottesdienstes aus diesem ungewohnten Anlass, an diesem ungewohnten Ort konnte dabei in vollem Umfang ohne theologisch problematische Änderungen durchgeführt werden und wurde so von den Teilnehmenden des Gottesdienstes angenommen. Wir mussten keine unserer überlieferten Traditionen inhaltlich umdeuten oder umbiegen, unsere Tradition war gewahrt! Das machte es uns leicht, die neue Situation zu akzeptieren: dass es eine übergroße Zahl an Christinnen und Christen katholischer und evangelischer Konfession gab, die an 1 000 Tischen das geweihte Brot weitergab und genossen hat.

Der für uns ungewohnte Anlass, der neue Ort und die erstmalige so hohe Anzahl an Teilnehmenden dieses in der Geschichte bisher einmaligen orthodoxen Vespergottesdienstes waren jedoch nicht das Entscheidende an dieser Feier: Es war die spirituelle Tiefe dieser festlichen Anrufung unseres Herrn Jesus Christus. Er hat damals die fünf Brote in der Wüste gesegnet und 5 000 gespeist – diesmal waren es 10 000 oder gar 20 000! Aber es war Sein Segen und Seine Speisung. Das hat man gespürt, das hat sich auf die vielen, vielen Teilnehmenden übertragen, das war – wie ich erhofft hatte – kein Zauber, sondern geistliche Realität! Christus war in der Mitte, wir Liturgen und wir Teilnehmenden durften Christus als Segnenden empfangen und ihm dienen.

Gerade weil in dieser unserer gemeinsamen Feier Christus von uns allen als Segnender erfahren wurde, wuchs die Sehnsucht, dass wir gemeinsam Christus leibhaft und sakramental genießen dürfen. Diese Sehnsucht war gleichfalls Realität, sie hat uns getragen – wie das gesegnete Brot, das wir als Zeichen und Angeld des wirksamen Segens Christi verteilen durften. Wir haben uns aber bewusst in den Gehorsam gegenüber unseren Kirchen und Kirchenleitungen gestellt, die leider noch nicht völlige Einheit haben und aus verschiedenen Gründen, die wir in der Vorbereitung des Vespergottesdienstes nicht diskutieren konnten, diese Einheit auch zum 2. Ökumenischen Kirchentag in Deutschland nicht gefunden haben. Der Schmerz über diese nicht überwundene Trennung war umso größer, je deutlicher jeder und jede Einzelne das Tragende und Verbindende des leibhaft spürbaren und schmeckbaren Segenszuspruches Christi im geweihten Brot erfahren durfte.

In den vielfältigen Reaktionen auf unsere gemeinsame Vesper, auf unser Brotbrechen der Artoklasia wurde formuliert, dass hier der innere Höhepunkt des 2. Ökumenischen Kirchentages in München gefeiert wurde. Es wurde gewürdigt, dass die orthodoxe Kirche es war, die dieses bislang ungewohnte Angebot des gemeinsamen Essens, des gemeinsamen Segensempfanges aus ihrer Tradition übermittelt und aktuell lebendig wie spirituell tragefähig für den 2. Ökumenischen Kirchentag angeboten hat. Damit aber will nicht unsere orthodoxe Kirche im Mittelpunkt der Ökumene stehen: Es ist Christus selbst, der seinen Segen uns schenkt und so durchsetzt, dass wir Ihn selbst – Christus – im Glauben annehmen dürfen. Christus ist damit die Perspektive der Ökumene: Er schenkt die Erfahrung leibhaften Essens und gemeinschaftlichen religiösen Erlebens, er ruft dadurch alle Gläubigen zusammen: die 5 000 damals am See Genezareth, die 20 000 auf dem Münchner Odeonsplatz, zuvor die Teilnehmenden unserer Tagung in Freising, bei der wir das erste Mal diesen Vespergottesdienst in ökumenischer Runde gefeiert und geprobt haben. Am See in Galiläa, in Freising wie in München war es die Erfahrung des Glaubens: Aus fünf Broten wurde eine von Christus geprägte Gemeinschaft, die trägt, die zusammenführt, und die weiterführt zu einer Ökumene, die mehr ist als Trennungen und theologische Differenzierungen. Christus schenkt uns und ist selbst uns Brot des Segens und Speise der Hoffnung!

Hermann M. Probst

DIE FEIER DER AGAPE ALS ÖKUMENISCHE LITURGIE

In den Grundschriften von Judentum und Christentum – der überkommenen Bibel Ersten und Neuen Testaments mitsamt ihren ganz unterschiedlichen Texten – wird eindrücklich vom Essen und Trinken in ganz unterschiedlichen Kontexten berichtet.

ESSEN UND TRINKEN IM ALTEN TESTAMENT

Essen und Trinken war für Einzelne oder eine Gruppe gerade in Zeiten von Hungersnot oder Dürre überlebensnotwendig (vgl. nur Gen 3,18; Ex 16,8; 1 Kön 17,14). Für eine Religion, die ihre Wurzeln in vorgeschichtlicher nomadischer und bäuerlicher Kultur hat, ist die Gestaltung und Sicherung der Nahrungsgrundlagen entscheidende, damit immer auch eine religiöse Aufgabe.[1] Doch es geht bereits in der Frühzeit der Religion Israels nicht allein um Nahrung und Speise als solche. Eines der ersten Zeugnisse von einer Begegnung mit dem Gott Israels berichtet davon, dass Mahl gehalten wurde: „Und als sie Gott geschaut hatten, aßen und tranken sie" (Ex 24,11). Überraschend, dass dies Mahl nicht explizit als Opfermahl geschildert wird, sondern nur in seinen elementaren Elementen „essen und trinken"[2] dargestellt ist! Ein Charakteristikum der Religion Israels?

Später berichtet das AT immer wieder von gemeinsamen Mahlzeiten, die in kultischem Rahmen stehen, bei

---

[1] Vgl. R. Albertz, Religionsgeschichte Israels in alttestamentlicher Zeit, ATD 8/I, Göttingen 1992, 60-68.
[2] Albertz, Religionsgeschichte 90.

denen jedoch der soziale oder politische Zweck vorherrscht: „Anlässe für kultische Mahlzeiten sind speziell Lebenswenden wie Entwöhnung (Gen 21,8), Hochzeit (Gen 29,22), Tod (Jer 16,5ff) sowie rechtlich-politische Vorgänge wie Vertragsabschluss (Gen 31,54), Eidleistung (Gen 26,30), und Königskür (1 Kön 1,25)."[3]

Eine von gemeinsamen Mahlzeiten im sozialen Kontext verschiedene Dimension des Umgangs mit Nahrungsmitteln, besonders mit dem Fleisch von Tieren, ist die des Opfers. Die Übergabe von Lebendigem an die Gottheit wurde symbolisiert durch das rituelle Ausgießen von Blut, wie es aus frühester Vorzeit übernommen worden war. Im Alten Orient insgesamt wurde Blut als Träger von Leben verstanden (vgl. Gen 9,4), so dass jegliches Vergießen von Blut bereits als religiöse Handlung verstanden werden musste.[4] Meist ist Blutvergießen und anschließendes Essen vom Fleisch der „Opfer"-Tiere insgesamt als liturgischer Akt gegenüber der Gottheit dargestellt und gestaltet. In der Entwicklung der alttestamentlichen Religiosität wurde erst in nachexilisch-priesterschriftlicher Zeit eine explizite Kultätiologie des Opfers definiert. „Die Herrlichkeit Jahwes (kĕbōd jhwh), die Mose auf dem Sinai erschienen war (Ex 24,16f), weihte selber das Heiligtum ein (Ex 40,34f) und entzündete selbst die ersten Opfer (Lev 9,23f); damit waren aufgrund der Weisungen Jahwes an Mose der geschaffene Tempel und Opferkult von Jahwe ausdrücklich als rite anerkannt und angenommen worden."[5] Aus diesem theozentrischen Verständnis des Opfers und des Opfermahles bildete sich im AT gegenüber den altorientalischen Traditionen eine charakteristische Opfertheologie und Opferpraxis heraus.[6] Opfer ist nicht

---

[3] T. Seidl, Art. Mahlzeiten, kultische, RGG[4] Bd. 5, 686.

[4] Vgl. P. Gerlitz, Art. Opfer I Religionsgeschichte, TRE Bd. 25, 256.

[5] Albertz, Religionsgeschichte 520.

[6] Vgl. H.-J. Klauck, Herrenmahl und hellenistischer Kult, Münster 1982, 57-60.

eine Gabe des Menschen an Gott, der diesen besänftigen, für die Vorhaben der Menschen gnädig stimmen und Sühne wirken möchte. Opfer ist eine Ermöglichung Gottes dem Menschen gegenüber. Opfern zu können ist damit ein Zuwendungsraum Gottes den Menschen gegenüber, in dem sie sich der Gegenwart und Annahme Gottes vergewissern können durch Handlungen und Darbringungen, die Gott vorgibt und bis in Einzelheiten der Liturgie anleitet.

In dieser Weise hat – wie geschildert – die nachexilische Theologie besonders in Lev 1-7; 16-17 diese streng monotheistische Opfertheologie eindrücklich festgeschrieben. Aus diesen theologischen Vorgaben entwickelte sich dann die Tradition des „Jom Kippur", des großen Versöhnungstages. Sie prägt seither in besonderer Weise das Judentum. In der Liturgie dieses Versöhnungstages, wie sie im Tempel zu Jerusalem geübt wurde, besprengt der Hohepriester den Altar mit Tierblut. Ein weiteres Tier – der „Sündenbock" Asasel – wird aber nicht getötet, sondern symbolisch mit den Sünden des Volkes beladen und „in die Wüste gejagt". Weil Opfertheologie in dieser Tradition zurückgetreten war, entwickelte sich der große Versöhnungstag im Judentum zu einem strengen Fasttag. Mahlzeiten, auch gemeinsame Mahlzeiten, waren unterbunden.

In späterer Zeit der vor- und nachexilischen Propheten wird die altorientalische Opfervorstellung noch konsequenter der theologischen Kritik unterzogen: Entscheidend ist im Verhältnis zu Gott das Leben in Gerechtigkeit und die Hingabe des Herzens, Versöhnung und Reinigung von Verfehlungen des Einzelnen und der Gemeinschaft (vgl. nur Hos 6,6).

Wie bereits das Versöhnungsfest entwickelte sich auch die Liturgie des Passahfestes in theozentrischer Weise. Es ist Gott selbst, der die Festordnung erlässt. Die Festwoche beginnt mit dem Essen der Matzen, dem ungesäuerten Brot, und endet im festlichen Gemeinschaftsmahl, dem Mahl gemäß der Ordnung, dem „Seder". Die Festätiologie in Ex 11;12 verlangt das Schlachten eines

Schaf- oder Ziegenbocks und das Essen des gebratenen Fleisches während des nächtlichen Mahles. Wiederum ist es Gott selbst, der die Anweisung für diese kultischen Handlungen erlässt. Diese Kulthandlung soll Israeliten als solche identifizieren (die Türen ihrer Wohnhäuser sollten durch Bestreichen mit Tierblut kenntlich gemacht werden), aber sie dann auch für die folgende Wüstenwanderung stärken. Das Element der Kenntlichmachung und der Stärkung tritt später zurück, dafür vertieft sich das Gedenken an die Heilstat Gottes – das Herausführen aus Ägypten – und das Element der Freude über die geschenkte Befreiung aus Ägypten. Bei einem Sedermahl wird deshalb zu Beginn, nach dem eröffnenden Dankgebet, dem Kiddusch, und an drei wieteren Stellen der Festliturgie ein Weinbecher von einem Gast zum nächsten herumgereicht, um die Freude der Befreiung leibhaft erfahrbar zu gestalten!

Die Liturgie des Passahmahles, wie sie in der Festätiologie Ex 11; 12 beschrieben wird, hat sicherlich noch weitere und historisch frühere Wurzeln.[7] Aber deutlich wird, dass hier keine Opferung vollzogen, sondern ein festliches Mahl vorbereitet und gefeiert wird. In der späteren Entwicklung der Liturgie verstärkt sich das Element der Freude in der Mahlfeier deutlich. Entscheidend dabei ist, dass das Mahl in Gemeinschaft genossen wird. Die Familie sitzt im Kreis um den festlich gedeckten Tisch, der Hausvater, die Hausmutter sowie die Kinder haben ihre festen Rollen in der Festliturgie. Das Fest beginnt zwar mit einem Gottesdienst in der Synagoge, der entscheidende Teil des Festes jedoch vollzieht sich bei den Familien zu Hause.

---

[7] Vgl. L. Rost, Josias Passa, in: ders., Studien zum Alten Testament, BWANT 101, Stuttgart 1974, 87-93

Es ist deshalb eine schwierige Frage, ob und wie sich die spätere christliche Eucharistiefeier direkt aus dem Passahmahl entwickelt hat.[8] Was wir historisch festhalten können, ist der Zeitpunkt des letzten Mahls Jesu mit einem engen Kreis der „Jünger"[9]: Es war die Stunde des Passahmahles. Die Worte Jesu, die er nach dem Ende des Sedermahles zu einem herumgereichten Brot und einem Becher Wein sprach, und die Deutung, die er damit diesem Brot und diesem Wein gab, sind einzigartig und eigenständig gegenüber den Traditionen und der Theologie des Passahmahles. Das Erinnern der Passahtradition und die Liturgie des Sedermahles gehen dieser Deutung- und Gabehandlung Jesu zwar voraus. Die Worte und Gesten Jesu aber deuten und gestalten das dem Sedermahl angefügte nochmalige Herumreichen von Brot und Wein als Abschied, Hingabe und gleichzeitig Anbruch des neuen Lebens. Dieses Geschehen, die gesprochenen Worte und die damit verbundene Deutung sind mit der Entscheidung Jesu, sich dem Todesbeschluss der Führungsschicht zu stellen, auf das Engste verknüpft.

Ob Jesus die Hingabe seines Lebens jedoch als Opfer im traditionell altorientalischen – außerjüdischen – Sinn verstanden hat, wie das die später beginnende christliche Dogmatik so konzentriert nahelegte, kann jedoch hier weder eingehend erörtert noch beurteilt werden.[10] Immerhin war von der Tradition des Passah-

---

[8] Zum Ganzen vgl. G. Delling, Art. Abendmahl II, TRE 1, 49 ff, dort Literatur.

[9] Dass nicht nur diese eng umgrenzte Zahl von Männern das Essen vorbereitete, auftischte und am Mahl teilnahm, diskutiert die Forschung engagiert: vgl. nur z. B. Q. Quesnell, The Women at Luke's Supper, in: R. J. Cassidy / Ph. J. Scharper (Hg.), Political Issues in Luke-Acts, Maryknoll 1983, 59-79; L. Schottroff / K. Wengst, Sind „die Zwölf" zwölf Männer?, in: JK 68, 2007, 22-24.

[10] Vgl. insbesondere N. Baumert / M.-I. Seewann, Eucharistie

mahles her der Gedanke an eine Opferung oder gar eine Selbstopferung nicht naheliegend. Das Passahmahl selbst war ja, wie erwähnt, kein Opfermahl, sondern ein Mahl des Gedenkens an die geschenkte Befreiung, ein Mahl der Freude! Dass dagegen die Eucharistie später als Opfermahl gedeutet wurde, ist eine von der Tradition des Passahmahles unterschiedliche und historisch eigenständige Entwicklung.[11]

Wie dieses letzte Mahl Jesu vor seiner Kreuzigung nun im Einzelnen gefeiert, welche weiteren Worte gesprochen wurden, wer genau daran teilnahm,[12] ist aus den uns überkommenen Texten nicht im Einzelnen ersichtlich. Zum Glück aber gewähren uns die biblischen Texte Einblick in die Entwicklung der Jesus-Gemeinschaft nach der Katastrophe von Golgatha. Was uns geschichtlich überkommen ist, sind Mahlzeiten von Jüngerinnen und Jüngern, zu denen sie auch in der drohenden Gefahr der Entdeckung und des gleichen Martyriums wie bei Jesus zusammenkamen. Darüber gibt es wiederum keine ausführlichen Berichte, aber deutliche Anzeichen wie Mk 16,14: „Zuletzt, als die Elf zu Tisch saßen, offenbarte er sich ihnen." Mit diesem „zu Tisch sitzen" war meist ein Mahl gemeint, aber nicht eine Eucharistie. Es werden „die Elf" ohne Judas genannt, die da zusammenkommen. Zu erwarten ist allerdings, dass zusätzlich weitere Teilnehmende an diesem Mahl beteiligt waren, etwa die Jesus zu Lebzeiten dienenden und auch nach Ostern treuen Frauen. Schließlich heißt es im Text nicht, dass *nur* die Elf" zu Tisch saßen! „Zu Tisch sitzen" ist dabei auch keine Nahrungsaufnahme en passant, sondern ein hervorgehobenes und gemeinschaftliches Mahlhalten. Es wird aber nicht als eine Eucharistiefeier gestaltet gewesen

---

– „für alle" oder „für viele"?, Gregorianum 89, 2008, 501-532.
[11] Vgl. zum Problem F. M. Young, Art. Opfer IV Neues Testament und Alte Kirche, TRE Bd. 25, 271-278, dort Literatur.
[12] Vgl. oben Anm. 9.

sein, dafür ist die Terminologie noch zu ungeprägt[13]. Dennoch wird dieses Mahl von Jesus dergestalt gewürdigt, dass er sich der Jüngerschaft offenbart. Das Mahl erscheint als Ort der Offenbarung wohl deswegen geeignet, weil hier Menschen auch in einer extremen Situation – hier der Trauer – sich zu einer Gemeinschaft zusammenfinden, die aus der Erinnerung an die Nachfolgegemeinschaft mit Jesus lebt.

Diese Gemeinschaft der Männer und Frauen, die Jesus nachfolgten, war ja gerade auch davon geprägt, dass in vielen herausgehobenen Situationen Mahl gehalten wurde. Dies wird an einem wichtigen Text der Osterüberlieferungen erkennbar. Es ist die Geschichte von der Begegnung des Auferstandenen mit den Jüngern auf dem Weg nach Emmaus. Lk 24,13-35 erzählt, wie zwei niedergeschlagene Jünger auf dem Weg nach Emmaus einem Dritten begegnen. Dieser beginnt, sie in eine theologisch-exegetische Debatte zu verwickeln. Die Jünger diskutieren mit ihm, erkennen aber nicht, wer mit ihnen spricht. Es werden ihnen die Augen erst geöffnet, heißt es, als sie sich mit diesem Dritten zu Tisch setzen. V 30 beschreibt es lapidar: „Sie erkannten ihn (Jesus), wie er das Brot brach." Wieder ist dies noch keine Eucharistie,[14] wie sie später gefeiert wurde. Aber es ist doch ein Mahl, das mehr war als eine Sättigung, mehr als ein zufälliges gemeinsames Essen und Trinken. Es ist ein Brotbrechen und gemeinsames Trinken, das in seinen Gesten eine Wiedererkennbarkeit Jesu ermöglicht. Im Rückschluss zeigt dies, dass es gemeinsame Mahle der Gemeinschaft der Jüngerinnen und

---

[13] „Brot brechen" als Terminus für die Eucharistie vgl. Apg 2,42.46; 20,7; 1 Kor 10,16.

[14] Auch wenn immer wieder die Meinung vertreten wird, hier in Lk 24,30 handle es sich um direkte Anklänge oder gar den Vollzug einer Eucharistie, vgl. C. Janssen, Alltagserfahrungen, Essen und Auferstehung (Lk 24,13-35), in: M. Geiger / Chr. M. Maier / U. Schmidt (Hg.), Essen und Trinken in der Bibel, FS R. Kessler, Gütersloh 2009, 156.

Jünger vor dem Tod Jesu gegeben hat, bei denen Gesten und Worte Jesu eine bestimmte Form entwickelt haben, so dass sie sich eingeprägt hatten und spätere Erkennbarkeit ermöglichen konnten.

Solche Mahle werden im NT an vielen Orten berichtet. Ausgehend von der Geschichte des „ersten Wunders Jesu" (Joh 2,1-11) sind als weitere wichtige Erzählungen zu nennen: das „Ährenraufen am Sabbat" (Mk 2,26 par), der Hauptmann zu Kapernaum (Mt 8,11 par), Jesu Zeugnis über den Täufer (Mt 11,19 par), Reinheit und Unreinheit beim Essen (Mt 15,3-8 par), das große Abendmahl (Lk 14,15-17), das Gleichnis vom verlorenen Schaf (Lk 15,2). Auch die Speisung der 5 000 (Mk 6,32-44; Mk 8,1-10) ist im weiteren Kontext dazu zu zählen! Dabei wird deutlich: Die Mahlfeiern, an denen Jesus teilnimmt, sind nie nur Sättigungs- oder Genussmahle, auch wenn Jesus einem gelungenen Mahl wohl nicht abgeneigt war (vgl. Mt 11,19 par; Lk 7,34). In den Mahlfeiern mit Jesus, in den Speisungen der Vielen „geschieht die Aufnahme der Sünder in die Gemeinschaft Jesu auf die kommende Gottesherrschaft hin; in Jesu Handeln wird die Aufnahme in diese vorausgewährt"[15].

Es ist charakteristisch für die Kommunikation Jesu, dass er auch entscheidende Aussagen über seinen Auftrag in die Situation und Begrifflichkeit eines Mahles einkleidet. Entscheidend sind dabei die drei „Weissagungen des kommenden Leidens", insbesondere Mk 14,35-45 par, Mt 20,20-28 und Lk 22,22-27. Hier tritt Jesus selbst in die Rolle des bei Tisch Dienenden, um seine Aufgabe zwischen Gott und den Menschen zu erklären. „Ich bin mitten unter euch als der Dienende" (Lk 22,27) bedeutet seinen Verzicht auf Herrschaft durch die vollständige Übernahme der Rolle des Tischdieners, der als solcher ein Festmahl erst möglich macht. Nicht als Hausvater oder König des Mahles, sondern eben als der, der den zu Tisch Sitzenden auf-

---

[15] G. Delling, Art. Abendmahl II, TRE 1, 49, Z. 48.

wartet und aufträgt – so sieht sich Jesus selbst! Deswegen kann Jesus in Mk 10,45 anfügen: „Der Menschensohn ist nicht gekommen, dass er sich dienen lasse, sondern dass er diene und sein Leben gebe als Lösegeld für viele." In vielen Auslegungen[16] dieser Stelle wird versucht, über die Brücke der Voraussage der Lebenshingabe als „Lösegeld" den Weg zu einer Tradition des Abendmahles als Opfermahl zu finden. Das „Lösegeld" entspräche damit dem Opfer der Eucharistie, in dem Jesus sich selbst darbringt.[17] Ob diese opfertheologische Auslegung berechtigt ist, kann hier wiederum nicht näher untersucht werden.[18] In jedem Fall aber darf sicherlich festgehalten werden: Die Einladung zur gemeinschaftlichen Mahlfeier mit ihm versteht Jesus selbst als konstitutive Aufgabe seines Dienstes. In dieser Mahlfeier bezeichnet Jesus sich als den, der das Mahl als Diener ermöglicht und trägt. Durch sein Diener-Sein bewirkt er die Gemeinschaft mit Gott und lässt das Mahl der Endzeit jetzt schon vorauskosten. In dieser Weise deutet ja auch das Johannesevangelium das Dienen Jesu beim Mahl, dort nämlich in die Szene einer Fußwaschung durch den dienenden Sklaven – Jesus – gekleidet (Joh 13,1-14). Jesu Handeln in den Gemeinschaftsmahlen zu seinen Lebzeiten ist ein Symbol, das Gemeinschaft im Mahl bewirkt und dies für die Zukunft einfordert: „Wenn nun ich, euer Herr und Meis-

---

[16] Vgl. nur wieder Delling, Abendmahl 50, Z. 1-21, vor allem J. Gnilka, Das Markusevangelium, EKK II Studienausgabe, Neukirchen/Ostfildern 2010 zur Stelle.

[17] Der Begriff „Lösegeld – lýtron" wird in dem von Mk 10,45 abhängigem Wort Mt 20,28 verwendet; er ist jedoch weder in den weiteren Zitationen der Leidensweissagungen noch in Joh 13,1-14 gebraucht.

[18] Vgl. die Analyse von F. Hahn, Art. Abendmahl, RGG[4] Bd. 1, 14: „Der Opfergedanke spielt im NT beim Verständnis des Abendmahles keine Rolle. An zwei Stellen wird lediglich von einer Entsprechung zu Opfermahlzeiten gesprochen (1 Kor 10,18-21; Hebr 13,10)."

ter, euch die Füße gewaschen habe, so sollt auch ihr euch untereinander die Füße waschen" (Joh 13,14).

So ergibt sich eine starke inhaltliche Brücke von den gemeinschaftsstiftenden Mahlfeiern des irdischen Jesus als des Dienenden hin zu den Mahlfeiern der nachösterlichen Jüngerschaft mit Jesus, wie sie uns in Mk 16,14, Lk 22,30 und Apg 10,41 überliefert sind. Damit steht nicht nur die Mahltradition des irdischen Jesus in enger Beziehung zu den nachösterlichen Gemeinschaftsmahlen – es zeigt sich ebenso, im Gegensatz zur Auffassung G. Dellings, eine enge „Verbindungslinie von der Feier der Urchristenheit zu den Mahlzeiten des Auferstandenen mit den Elfen"[19].

Mahlfeiern in der Urkirche

Betrachten wir nun die weitere Entwicklung der Mahlfeier in der Urkirche. Für die Mahlfeier in der frühen Christenheit gibt es Textdokumente, die gute Einblicke in die Praxis des urchristlichen Gemeinschaftsmahles gewähren. Es sind dies teilweise problematische Einblicke, aber gerade deswegen aufschlussreiche und aussagekräftige. Norbert Baumert hat darauf in seinem Aufsatz in diesem Buch ausführlich hingewiesen.[20] Aus seiner Analyse der Texte von 1 Kor 10,14-22; 1 Kor 11,17-34, Didache 9,1-10,5 und Didache 14,1-3 sowie weiterer Texte erschließt sich, dass in der Urchristenheit mehrere Formen von Mahl-Gottesdiensten nebeneinander gefeiert wurden:

o „Eine Segnung von Wein und Brot als Eingangsliturgie;
o ein liturgisches Mahl (‚Agape'), an dessen Ende eine Danksagung steht;

---

[19] Delling, Abendmahl 50, Z. 16f.
[20] Vgl. dazu außerdem H. Probst, Paulus und der Brief, Tübingen 1991, 235-261.

o   ein eucharistisches Brotbrechen als eigene Feier am Herrentag (morgens);

o   ein Mahl verbunden mit Eucharistie."[21]

Das eucharistische Brotbrechen entspringt der einmaligen Stiftung Jesu am Abend vor seinem Sterben. Sehr früh schon hat sich daraus wohl eine eigene Feier am Morgen des Herrentages, des Sonntags, zur Zeit der späteren „Vigil", als eigenständige Feier entwickelt. Sie wurde weiterentwickelt zur späteren gottesdienstlichen Eucharistie.[22]

Daneben aber wurde ein von der Eucharistie verschiedenes liturgisches Mahl gefeiert – die Feier der Agape! Es ist dies eine Mahlfeier, bei der Danksagung und Segen über dem Wein und das Brechen des Brotes am Beginn stehen. Schon in dieser Reihenfolge ist sie eine klare Reminiszenz an die jüdische Feier des Passah. Am Ende des Agape-Mahles steht nochmals eine Danksagung in geprägter Form. Wir können vermuten, dass diese abschließende Danksagung nicht vereinzelt geübt wurde, sondern nur den Abschluss der mit Danksagung, Weinsegen und Brotbrechen begonnenen Feier bildete. Dazwischen war ein Essen in Gemeinschaft eingebettet. Weil Eucharistie und Gemeinschaftsmahl eben als getrennte Ereignisse gefeiert und verstanden wurden, konnte es geschehen, dass soziale Spannungen an dieser Stelle aufbrachen. Paulus ist gezwungen, die innere Einheit von Agape und Eucharistie festzuhalten,[23] auch und gerade weil er das Mahl der Agape we-

---

[21] N. Baumert, Lieblosigkeit beim Liebesmahl, Paulus im Ringen um den Gottesdienst der Gemeinde, in unserem Band 16-37

[22] Vgl. H. Löhr, Entstehung und Bedeutung des Abendmahls im frühesten Christentum, in: ders. (Hg.), Abendmahl; Themen der Theologie 3, Tübingen 2012, 51-94; Delling, Abendmahl; G. Kretschmar, Art. Abendmahl III, Das Abendmahlsverständnis in der Geschichte der christlichen Kirchen, TRE Bd. 1, 58-89.

[23] Vgl. dazu L. Goppelt, Theologie des Neuen Testaments, (Hg.

der aufheben noch verhindern möchte.[24] Die Missstände zeigen vielmehr die unverminderte Wichtigkeit der Agape, gerade auch in sozialer Hinsicht! Beide Mahlfeiern, das eucharistische Brotbrechen wie auch das Mahl der Agape, dürfen nur nicht zu Missverständnissen Anlass geben. Beide Feiern müssen aus dem Geist dessen gestaltet sein, dem sie sich verdanken. Das Agape-Mahl erinnert und gestaltet die leiblichen Mahlfeiern des irdischen Jesus, der alle an seinen Tisch lädt: die Jünger und Jüngerinnen, die Frauen und die Priester, die Zöllner und die Kranken. Das eucharistische Mahl feiert und gestaltet die geistliche Gegenwart des gekreuzigten Jesus und auferstandenen Christus. Beide liturgische Feiern sind unterschieden in Gestalt und Form, sie haben aber ihren je eigenen Horizont und ihre Bedeutung. So lässt sich mit Hans Lietzmann festhalten, dass es in der Urchristenheit zwei Formen von Mahlfeiern gab![25] Die eine Mahlfeier wurde als Brotbrechen am Herrentag gefeiert und schon bald mit starkem sakramentalem Charakter unterlegt. Die zweite Form war ein Gemeinschaftsmahl in Erinnerung an die Mahlfeiern des irdischen Jesus, bei denen der diakonisch-karitative Charakter dieser Mahle erinnert wurde. Dies führt wohl bald schon zu seiner Bezeichnung als „Agape-Mahl".

Beide Mahltypen haben, wie gezeigt, Wurzeln in den Mahltraditionen des Judentums, ohne in direkter Abhängigkeit von ihnen zu stehen. Beide Mahltypen ent-

---

J. Roloff), Göttingen [3]1980.

[24] Charakteristisch ist in 1 Kor 11 die Abfolge der VV. 33 und 34: Grundsätzlich gilt V 33: „Darum, meine lieben Brüder, wenn ihr zusammenkommt, um zu essen, so wartet aufeinander." Das „Zusammenkommen, um zu essen" wird nicht als solches problematisiert. Paulus will durch seine Mahnung in V 34 vor allem zur Mäßigung aufrufen: „Hat jemand Hunger, so esse er daheim, damit ihr nicht zum Gericht zusammenkommt".

[25] Vgl. H. Lietzmann, Messe und Herrenmahl, Berlin [3]1955; H. Kahlefeld, Das Abschiedsmahl Jesu und die Eucharistiefeier der Kirche, Frankfurt/M. [2]1981.

wickeln sich teilweise in enger Beziehung zueinander, wie die Hinweise in 1 Kor 11 und der Didache zeigen. Ebenso wurzeln beide Mahlformen im Leben und in der Gemeinschaft mit Jesus vor seinem Tod.

Die eucharistische Tradition hat dabei eine Entwicklung genommen, die sie immer weiter wegführte vom leiblichen Bezug hin zu einer immer stärker vergeistigten, sakramental-spirituellen Bedeutung von Brot und Wein.

DAS LITURGISCHE MAHL DER AGAPE IN GESCHICHTE UND GEGENWART DER KIRCHE

Weil in der weiteren dogmatischen Entwicklung der Kirchen das Abendmahl immer stärker auf seine sakramentale Bedeutung konzentriert wurde, entstanden konfessionell unterschiedliche Ausdifferenzierungen, die ein gemeinsames Feiern der Eucharistie gegenwärtig unmöglich zu machen scheinen. So scheint es gegenwärtig eben auch nicht möglich, theologisch eine Übereinstimmung im Verständnis des Abendmahles zu formulieren.

Ganz anders zeigen sich dagegen die Möglichkeiten, das frühchristliche Agapemahl ökumenisch zu verstehen und zu feiern. Die Agape hatte ihre eigene Tradition und eine eigenständige Entwicklung schon in der Ältesten Kirche. Sie verdient es, stärker beachtet und gefeiert zu werden. Die ältesten Überlieferungen dieses Mahles zeigen, dass Agapemahle als eigenständige Liturgie gefeiert und überliefert wurden. [26] Danksagung

---

[26] Vgl. Justin, 1 Apol 65: „Nach der Danksagung des Vorstehers und der Zustimmung des ganzen Volkes teilen die, welche bei uns Diakonen heißen, jedem der Anwesenden von dem verdankten Brot, Wein und Wasser mit und bringen davon auch den Abwesenden" – Bibliothek der Kirchenväter, 1. Reihe, Bd. 12, München 1913, 45, Übers. G. Rauschen. Anders dagegen T. Söding, Art. Agapefeier, RGG[4] Bd. 1,178, der eine

durch den Bischof, Segnung eines Kelches, Gebete und Antwort des Volkes, Brechen des Brotes, Austeilung des Mahles durch Diakone waren bestimmende Elemente. Das Mahl wurde gestaltet durch Gaben, die Gemeindeglieder je nach eigenem Vermögen mitgebracht hatten. Gespeist wurde so, dass alle Teilnehmenden gleiche Anteile bekamen. Aus den Schriften der Kirchenväter wird die Ermahnung deutlich, dass maßvoll gespeist und getrunken werde! Die Gestaltung der Agapefeier wird als Anliegen etwa bei Clemens von Alexandrien, Tertullian, Hippolyt oder in der syrischen Didaskalie, sowie dann bei Augustin angesprochen. Auch wenn es galt, Missstände zu regeln, zeigt dies doch umgekehrt – wie bereits in Korinth –, dass Agapefeiern, die als vielfältige Praxis der Kirche galten, sich einer durchgehenden Praxis und Beliebtheit erfreuten.

Mit der Konstantinischen Wende bekam die Kirche die Möglichkeit, die Basilika, die frühere Markthalle, für ihre Gottesdienste zu nutzen. Anfangs fanden deswegen Agapefeiern gerade hier statt. Die umfangreichen Agapefeiern waren, trotz der großen Basilikagebäude, jedoch schwer zu bewältigen. Durch verschiedene Synoden wurde die Agapefeier mehr und mehr aus den Kirchengebäuden verdrängt. „Das Verbot musste von der Trullanischen Synode (692) eingeschärft werden, woraus hervorgeht, dass Agapefeiern partiell noch bis in das 7. Jahrhundert hinein in Kirchen üblich waren."[27]

Insofern hat sich die Tradition des Agapemahles in der lateinischen Großkirche später nicht durchsetzen und als gesamtkirchliche Mahltradition behaupten können, wie dies noch bis in das 7. Jahrhundert möglich war. Das Agapemahl wanderte aus in lokales Brauchtum. So gibt es etwa die Tradition der so genannten „Ulrichs-

---

ursprüngliche Einheit und spätere Trennung von Eucharistie und Agapefeier sieht.

[27]G. Fuchs, Agape-Feiern in Gemeinde, Gruppe und Familie, Regensburg 1997, 23 A 22.

minne" in Augsburg, der „Johannisminne"[28] und der religiös geprägten Mahlzeiten von Gemeinschaften, Zünften, Gilden und Bruder- und Schwesternschaften des Mittelalters[29]: „Das gemeinsame Mahl war verbunden mit Gottesdienst, Almosenspendung und Totenmemoria".[30] Als aktuelles Beispiel darf die „Schaffermahlzeit"[31] der Hansestadt Bremen gelten, die heute noch in historischem Gepräge die Tradition der Agape hochhält. Neben dem religiösen Brauchtum waren es dann die gemeinsamen Mahlfeiern in den Ordensgemeinschaften der Kirche, die diese Tradition der Agapefeier auf ihre je eigene Weise fortführten. So wird etwa in der Regel des heiligen Benedikt ausführlich über die Gestaltung des Mahles gehandelt.[32] Alle Merkmale des Agapemahles finden sich in der Gestaltung des klösterlichen Essens: Eingangsgebete und Segnung, während des Essens grundsätzliches Schweigen, Gespräche nur durch den Abt initiiert, Lesung, abschließende Gebete. Das Mahl soll bescheiden, doch ausreichend gehalten sein. Dem Genuss von Fleisch und Wein gilt grundsätzliche Zurückhaltung. Weltliche Rangunterschiede erscheinen wie auch sonst im klösterlichen Leben als irrelevant. Das Mahl wird gedeutet als Symbol des himmlischen Hochzeitsmahles (Offb 19,9) und verweist damit auf Jesu Gleichnis vom großen Abendmahl (Lk 14,16-24 par Mt 22,1-10). Dieses wiederum ist eingebettet in den Bericht von einem Sabbatmahl Jesu (Lk 14,1-15), Rück-

---

[28] Fuchs, Agape-Feiern 29, unter Verweis auf A. Franz, Die kirchlichen Benediktionen im Mittelalter I, Freiburg 1909, 291.

[29] Vgl. den Wikipedia-Artikel „Bruderschaften", dort Verweise: http://de.wikipedia.org/wiki/Bruderschaft.

[30] O. G. Oexle, Art. Gilde, in: Lexikon des Mittelalters IV, 1452f; vgl. dazu K. Hauck, Rituelle Speisegesellschaften im 10. und 11. Jahrhundert, in: Studium Generale 3, 1950, 611-621, zitiert nach Fuchs, Agape-Feiern 30 A 42.

[31] http://www.schaffermahlzeit.de/startseite.

[32] Die Benediktsregel, lat./dt., U. Faust / Salzburger Äbtekonferenz (Hg.), Salzburg 2009.

verweis auf eine typische Situation aus dem Erdenleben Jesu. Die konkrete Situation des gemeinsamen Mahles und die Metaphorik des Gastmahles gehen in der Überlieferung des irdischen Jesus wie auch der benediktinischen Tradition ineinander über!

Das bedeutet aber für die Gestaltung und das Selbstverständnis des klösterlichen Gemeinschaftsmahles, dass hier Traditionen zugrunde liegen, die auch für die Agape bestimmend sind. Es mag sein, dass eine direkte historische Abhängigkeit des klösterlichen Gemeinschaftsmahles von der urchristlichen und altkirchlichen Agape nicht zu finden ist[33]. Doch kann nicht bestritten werden, dass der Geist des gemeinsamen Mahles des irdischen Jesus und der frühesten Kirche auch für das klösterliche Gemeinschaftsmahl prägend wurde und ist.

In besonderer Weise hat nun allerdings die orthodoxe Kirche die Agapefeier aufbewahrt. In der liturgischen Form der „Artoklasia", einem Gottesdienst im Rahmen der Liturgie einer Vesper oder Vigil, hält sie die Erinnerung an die Frühzeit der Kirche wach. Der orthodoxen Kirche ist bewusst, dass die Artoklasia die Tradition der Agapefeier aus ältester urchristlicher Zeit aufgreift. Sie will damit bewusst an die Festmahle des irdischen Jesus anknüpfen. Die Artoklasia ist keine sakramentale Handlung, obgleich sie in eine ausführliche Liturgie mit Segenshandlungen der Mahlgaben, Gebeten, liturgischen Wechselgesängen und Weihrauchgaben eingebettet ist. Sie dient der körperlichen Stärkung der Gottesdienstteilnehmenden, weil Brot, Wein und Öl während der Liturgie gesegnet und an alle ausgeteilt werden. Die dafür verwendeten Brotlaibe werden nach besonderem Rezept gebacken und geformt. Jede Familie, die es vermag, bäckt und spendet fünf Brote für die gottesdienstliche Artoklasia, wo sie dann gebrochen und an alle

---

[33] Immerhin entstand die Regel Benedikts (vor 577 n. Chr.) in einer Zeit, als Agapemahle in der Kirche lebendig waren und auch in Kirchengebäuden gefeiert wurden!

verteilt werden. Übrig gebliebene Brotstücke werden mit nach Hause genommen und an diejenigen Familienmitglieder ausgeteilt, die nicht zum Gottesdienst gehen konnten[34]. Dieses gesegnete, aber nicht eucharistisch geweihte Brot hat für die Gläubigen besondere Bedeutung, weil es gemäß alter Sitte zu Hause besonders den Kranken und Alten als Mittel der Stärkung und Heilung gereicht wird.

In orthodoxer Tradition wurde noch ein weiteres Element der urchristlichen Agapefeier bewahrt. Es ist dies das „Antidoron" oder die Eulogie. Das Antidoron (auch als „Eulogie", das „gesegnete" – nicht geweihte – Brot bezeichnet) wird am Ende der Himmlischen Liturgie in Form von Brotstücken verteilt, die wie in der Artoklasia nicht eucharistisch geweiht, aber gesegnet sind. Trotz mancher Zweifel[35] darf man auf Grund vieler Beobachtungen und Gespräche davon ausgehen, dass die gläubige Gemeinde diese Mahlgabe nicht als Eucharistie, sondern als Brot versteht, das aus der Gegenwart Jesu Christi im Gottesdienst aktuell weitergegeben wird zur Stärkung und Heilung.[36] Damit greift der gelebte Glaube zurück auf die Mahlfeiern des irdischen Jesus und seiner Gemeinde nach Ostern!

Im evangelischen Bereich wurde die Agape zuerst wiederentdeckt von Nikolaus Ludwig Reichsgraf von Zinzendorf, der in Hauskreisen seiner Gemeinde zu Herrnhut, aber auch in den von ihm gegründeten Anstalten Agapefeiern gestaltete. Sein Ziel war es, das Gemeinschaftsleben in nachvollziehbaren Formen zu strukturieren und Glaubensgespräche in einem Rahmen zu ermöglichen, der Fest und Alltag miteinander verband.[37]

---

[34] Vgl. A. Kallis, Artoklasia, Münster 1985.

[35] Vgl. Fuchs, Agape-Feiern 31.

[36] F. von Lilienfeld, Eulogia und eulogein im gottesdienstlichen Handeln der orthodoxen Kirchen, in: Archiv für Liturgiewissenschaft 20/21, 1978/1979, 9-27.

[37] Vgl. Fuchs, Agape-Feiern 33, dort weitere Literatur; H.-Chr.

Im 19. Jahrhundert war es dann Wilhelm Löhe, der die Agape als wichtige Brücke zwischen gottesdienstlicher Eucharistie und dem Leben der Gemeinde neu zu etablieren suchte. Im Sinne seiner „Inneren Mission" war ihm wichtig, dass in den Familien selbst ein Mahl der Gemeinschaft und der geistlichen Besinnung angeregt wird. Löhe rief dazu auf, dieses Mahl auf Menschen in sozialen Notlagen auszuweiten, um den Charakter des urchristlichen Liebesmahles wieder zu beleben. [38] In verschiedenen Freikirchen, vor allem in den USA, wurde die Agape seitdem aufgegriffen.[39] In methodistischen und baptistischen Kirchen wird Agape als Gemeinschaftsmahl gefeiert, bei dem zwar die liturgische Formung nicht so explizit erfolgt wie in der orthodoxen Kirche, bei dem aber ebenso bewusst ist, dass dieses Mahl seine Wurzeln in der Gemeinschaft Jesu vor und nach seinem Tod hat.[40]

In der zweiten Hälfte des 20. Jahrhunderts hat sich dann auch in den Kirchen Westeuropas eine Bewegung entwickelt, die das gemeinsame Mahl neu in den Mittelpunkt des Gottesdienstes stellte. Diese Entwicklung kann hier nicht im Einzelnen nachgezeichnet und theologisch bewertet werden. Weil Kirchen- und Katholikentage diese Bewegung maßgeblich bestimmten, seien hier einzelne Schlaglichter der Entwicklung kurz benannt:

o Der 18. Deutsche Evangelische Kirchentag 1979 in Nürnberg hatte mit seinem „Forum Abendmahl" eine deutliche Wegmarke für eine erneuerte Liturgie des

---

Hahn / H. Reichel (Hg), Zinzendorf und die Herrnhuter Brüder, Quellen zur Geschichte der Brüder-Unität von 1722 bis 1760, Hamburg 1977, 236.

[38] Fuchs, Agape-Feiern 37 Anm. 53, zitiert J. K. W. Löhe, Gesammelte Werke VII/2, Neuendettelsau 1961, 306 ff.

[39] Vgl. D. H. Tripp, Art. Agapefeier II, TRE Bd. 1, 178.

[40] Vgl. Wikipedia, Art. Agape: http://de.wikipedia.org/wiki/Agape, Agabe als Liebesmahlfeier, Zugriff 01.06.2013.

Abendmahles gesetzt. Aus der bisherigen strengen liturgischen Form gelöst, sollte das eucharistische Mahl Zeichen der anbrechenden Gottesherrschaft in verkrusteten gesellschaftlichen Strukturen sein. Das Abendmahl wurde als Gemeinschafts- und Liebesmahl verstanden, ohne bereits die Differenzierung von Agapemahl und Eucharistie zu beleuchten. [41] Leitender Gedanke war, die Liturgie zu einem „Feierabendmahl" zu gestalten, so dass „Communio" mit allen Sinnen und in wirklich erfahrbarer Gemeinschaft gefeiert werden konnte.

o 20 Jahre später war es dann der 28. Deutsche Evangelische Kirchentag 1999 in Stuttgart, der die Gestaltung der Eucharistie wieder zu einem entscheidenden Thema machte: „Der Wunsch nach mehr Sinnlichkeit und leiblicher Speise, die Hoffnung auf eine gemeinsame Feier mit den Christen anderer Konfessionen oder die Sehnsucht nach einer frauengerechten Feier verbinden sich mit dem Abendmahl."[42] Es ging um die Überwindung einer Sühnopfertheologie im Verständnis der Eucharistie, um die Verbindung von Theologie, Christologie und Ethik, um die Frage einer verwirklichten Ökumene, aber auch darum, ob das Abendmahl nicht als ein wirkliches „Festessen" [43] gefeiert werden könnte. Wiederum spielen die Fragen zu Eucharistie und Agapefeier eine wichtige Rolle, ohne sie theologisch differenziert anzugehen.

---

[41] Vgl. G. Kugler (Hg), Forum Abendmahl. Im Auftrag und unter Mitarbeit des Projektausschusses Abendmahl, Gottesdienst, Fest und Feier des 18. Deutschen Evangelischen Kirchentages in Nürnberg, Gütersloh 1979; vgl. dort den bewegenden Vortrag von E. Käsemann (E. Käsemann, Gäste des Gekreuzigten, in: G. Kugler, Forum Abendmahl ,45-60).
[42] Chr. Begerau / R. Schomburg / M. van Essen, Vorwort, in: Dies. (Hginnen), Abendmahl. Fest der Hoffnung. Grundlagen – Liturgien – Texte, Gütersloh 2000, 11.
[43] Ebd.

o Der 2. Ökumenische Kirchentag 2010 in München
(2. ÖKT) hatte sich wiederum, wie bereits der Kirchentag 1999, das Thema „Hoffnung" zum Motto gegeben. Wiederum war das Ziel deutlich, nämlich aus
ökumenischen Hemmnissen herauszuführen und
eine gemeinsam mögliche Form des liturgischen
Mahles zu feiern. Wie bereits im Vorwort dieses
Bandes berichtet, bot sich dem ÖKT die Agape in ihrer Prägung als Artoklasia der orthodoxen Kirchen
dafür an. Es war eine beeindruckende Feier, als
10 000 Menschen diese Liturgie mitfeiern konnten.
Nach der allerersten Artoklasia-Feier im ökumenischen Rahmen aus Anlass unserer Fachtagung war
dies das zweite Mal, dass die orthodoxe Kirche ihre
Liturgie öffnete und Menschen aller Konfessionen
einlud, das gesegnete Brot gemeinsam zu genießen.[44]

o Einen Schritt weiter wagte sich dann der 98. Deutsche Katholikentag in Mannheim 2012. Es war gelungen, in den zentralen ökumenischen Gottesdienst
die großen Konfessionen gemeinsam zu integrieren,
die liturgische Verantwortung ausgewogen miteinander zu tragen und eine Feier der Artoklasia bewusst in den Mittelpunkt zu stellen. Gemeinsam
amtierten der Metropolit der Griechisch-Orthodoxen
Kirche, der Landesbischof der Evangelischen Kirche
in Baden, der Bischof der Alt-Katholischen Kirche,
die Bischöfin der Evangelisch-Methodistischen Kirche und der Vorsitzende der Deutschen Katholischen Bischofskonferenz zusammen mit weiteren
Priestern und Laien. Damit hat diese Form der
Agape eine weitere ökumenische Aufwertung erfahren. In der hinführenden Meditation vor der orthodoxen Liturgie der Artoklasia wurde sie als „Vorge-

---

[44] A. Glück / E. Nagel / S. Lechner / T. Großmann (HgInnen),
Damit ihr Hoffnung habt, 2. Ökumenischer Kirchentag 12.-
16. Mai 2010 in München. Dokumentation, Gütersloh und
Kevelaer 2011, 92-105.

schmack" der vollen eucharistischen Einheit umschrieben – damit zwar auf die Eucharistie sehr direkt bezogen, aber in ihrem Eigenwert durchaus anerkannt.[45]

AUSBLICK

Wie wird sich die Agape als eigenständiges Gemeinschaftsmahl im Konzert der Ökumene weiterentwi-
ckeln? Es ist sicherlich kein einfaches Unterfangen,
auch bei wirklichem Engagement für die Ökumene,
kirchliche Großereignisse so zu gestalten, dass eine
Übereinstimmung von Terminen und inhaltlichen Vorhaben gelingt. So musste der 38. Deutsche Evangelische Kirchentag 2013 in Hamburg auf eine explizite
ökumenische Agape in Form der Artoklasia verzichten,
weil der vorgesehene Freitag des Kirchentages auf den
Karfreitag der orthodoxen Kirche fiel, welcher als konsequenter Fasttag gehalten wird und keine Liturgie der
Agape zulässt.[46] Es steht zu hoffen, dass spätere Katho-
liken- und Kirchentage das Geschenk der Artoklasia,
das die orthodoxen Kirchen uns übermitteln, wieder
aufgreifen und ökumenisch fruchtbar machen!
Aber auch wenn Kirchen- und Katholikentage sich
noch so verdienstvoll bemühen: Es ist jetzt die Aufgabe
der kirchlichen Basis, der einzelnen Gemeinden, Kreise
und Gruppen, die Chance der Agapefeier zu nutzen. Es
gilt, diese Mahltradition Jesu wiederzuentdecken und
im ganz leiblichen Essen und Trinken den Glauben an

---

[45] Freundlicherweise konnte ich die Liturgie dieses Zentralen
Ökumenischen Gottesdienstes in der Christuskirche zu
Mannheim am 18.05.2012 einsehen – besten Dank an den
geistlichen Rektor des Katholikentages, Pfarrer Stefan Eirich,
und die Programmreferentin des Katholikentages, Frau Lioba
Speer!
[46] Vgl. die Auskunft von Kirchentagspastor Joachim Lenz am
29. 5. 2013 – herzlichen Dank hierfür!

den Auferstandenen gemeinsam zu feiern! Das kann ganz eigenständig geschehen, dazu sind kein Priester und keine feste Liturgie notwendig. Aber wenn Priester und Gemeinden einmal diese Form eines Glaubensfestes gemeinsam gefeiert haben, werden sie immer wieder dazu zurückkehren wollen, auch wenn die ökumenische Einheit in der Eucharistie endlich möglich sein wird! Die Agapefeier ermöglicht es ja in besonderer Weise und als notwendige Konkretisierung der Eucharistie, den irdischen, den auferstandenen Jesus und uns Glaubende, Alltag und Fest, Leben und Glauben, Gemeinschaft und Einzelne auf lebensvolle, leibhaftige Weise zusammenzuführen.

Norbert Baumert

Nachwort

Dieses Buch ist ein Beitrag zu einer Spurensuche. Spuren von Gottes Wirken in der Geschichte derer, die ihm vertrauen, ausgehend vom Neuen Testament bis hin zu Spuren, an denen wir heute seine Präsenz unter uns wahrnehmen können. Wenn Jesus sagt: „Tut dies zu meinem Gedächtnis", dann liegt darin eine Verheißung, dass er dann anwesend wird, wenn wir seinem Auftrag folgen. Das gilt für die Eucharistie, aber analog auch für andere „Gedächtnisfeiern", die seinem Auftrag gemäß sind. So haben wir in diesem Buch in vielen Beiträgen danach gefragt, welche Möglichkeiten einer authentischen Feier unseres Glaubens es gibt, neben der Feier der Eucharistie, die für uns Katholiken zentral ist und über welche die verschiedenen Konfessionen unterschiedliche Lehren und Grundsätze haben, die man gegenseitig respektiert. Aber gibt es daneben nicht Formen, die man gemeinsam feiern kann, Formen, die nicht nur menschlicher Phantasie entspringen, sondern einen Ansatzpunkt haben in der Schrift und der christlichen Tradition? Dies könnte eine Hilfe sein nicht nur für ökumenische Begegnungen, sondern auch eine Bereicherung innerhalb der einzelnen Konfessionen.

Bei der Tagung in Freising haben wir in den hier abgedruckten Beiträgen solche Formen zusammengetragen; dort konnten wir sofort auf die Beiträge der Einzelnen reagieren und damit gegenseitige Bestätigung und Fragestellungen formulieren, und ich danke nochmals allen, die beteiligt waren, nicht nur denen, die einen schriftlichen Beitrag geleistet haben. Beim Lesen dieses Buches nun muss jeder selbst überlegen: „Was überzeugt mich? Was gibt mir zu denken? Wo bin ich skeptisch? Was könnte ich nicht übernehmen oder was sehe ich anders?" Hilfreich wäre eine Lesegemeinschaft, vielleicht ökumenisch, in der man versucht, Konsequenzen zu ziehen: „Was könnten wir in unserem Rahmen versuchen?" Bei diesen Versuchen wäre man getragen von den Anregungen, die in der „großen Ökumene", in Konferenzen oder bei Kirchentagen, verwirklicht wurden. Andererseits aber sind „große" Ereignisse, etwa das II. Vatikanische Konzil oder die „Gemeinsame Erklärung zur Rechtfertigungslehre", herausgewachsen aus der Arbeit vieler kleiner Zellen und Gruppen. So ist die „Basis" durchaus mitbeteiligt an den Veränderungen und dem Wachsen der Einheit und trägt somit auch Verantwortung. Bei Schwierigkeiten wird man immer wieder fragen: „Was ist wohl jetzt in unserer Situation der Wille Gottes?" Nicht meinen Willen durchsetzen, sondern die Glaubensüberzeugung der anderen achten und so eine Atmosphäre schaffen, in der jeder sich angstfrei einbringen kann. Nur in einem Raum der Liebe werden wir sensibel für die Wünsche Gottes hier und jetzt. Dies erfordert oft ein Zurücknehmen der eigenen Wunschvorstellungen, damit nicht Menschliches im Mittelpunkt steht, sondern Er, der der Herr eines jeden Christen und jedes Menschen ist. Damit entgeht man der Gefahr, eigene Themen zum Thema Gottes machen zu wollen. Die Grenze ist nicht immer leicht zu erkennen. Anbetung Gottes ist darum stets die Grundhaltung, von der alles Miteinander von Christen getragen sein muss. Sind wir doch alle auf der Suche, den Weg Gottes mit seiner Kirche und mit seiner Menschheit zu verstehen. Und vielleicht kann dieses Buch dabei helfen.

Konkret denke ich selbst an die Mitarbeit in der „Una Sancta Berlin" in den 60er- und 70er-Jahren, in denen ökumenische Wortgottesdienste in der Gebetswoche für die Einheit der Christen mehr und mehr in den Gemeinden Fuß fassten und wo gemeinsame Bibelarbeit begonnen wurde; oder auch an die Arbeit in der ökumenischen „action 365" mit vielen Anregungen zum „Tun, was uns eint" und den ersten Feiern einer „Agape" als Hausliturgie, sowohl intern als auch ökumenisch. In den vergangenen 30 Jahren waren es meinerseits vor allem Begegnungen in der „charismatischen Ökumene", mit verschiedenen Pfingstgemeinden und charismatischen Gruppierungen im kirchlichen und freikirchlichen Bereich. Wie viel hat Gott uns da geschenkt! Gemeinsame Gebetsabende und Segnungsgottesdienste, gemeinsames Hören auf das Wort Gottes, Offenheit für seine Charismen, wo der Heilige Geist deutlich die Führung hatte, kleine und große „Konferenzen" mit starker Ausstrahlung, gemeinsame Anbetung und Lobpreis! Ich denke auch an ein internationales charismatisches Leitertreffen in der Schweiz, wo wir in einer großen Halle eine Tauferinnerung feierten. (Das ist zu unterscheiden von einer sogenannten „Tauferneuerung", die man durch einen persönlichen Weg vorbereitet und in der man sein Leben bewusst in Gottes Hand legt.) Die Taufe ist das Sakrament, das uns alle verbindet. So wurden bei jener Feier nach Lobpreis und Wortverkündigung Schalen mit Wasser hereingetragen und jede und jeder Einzelne konnte durch Eintauchen von Stirn oder Hand sich an die eigene Taufe erinnern und bekam dann von seinem Nachbarn als Zeichen für das weiße Taufkleid ein weißes Halstuch überreicht mit den Worten: „Du bist getauft auf den Namen des Vaters und des Sohnes und des Heiligen Geistes." Ich denke auch an die „Alpha-Kurse" als häusliche Form des Glaubenszeugnisses oder an die Artoklasia („Brotbrechung") bei einer charismatischen Konferenz in Prag in den 90er-Jahren, bei der alle Teilnehmer in eine orthodoxe Vesper einbezogen wurden. Solche Feiern hinterlassen Spuren, die erneut zu weiterer Spurensuche anregen. Und so gibt es noch viele andere Möglichkeiten, den Glauben gemeinsam zu feiern, etwa den Jakobsweg oder andere Wege der Nachfolge, bis man irgendwann einmal von neuem erkennt, dass Er mitgeht.

Als Exeget habe ich im Studium des Wortes Gottes Ökumene erfahren und bin dankbar für viele Gespräche und die reiche Literatur, die uns da gemeinsam zur Verfügung steht. Für das Thema dieses Buches habe ich an 1 Kor 10 und 11 (s. o. meinen Beitrag) nicht nur gelernt, dass es in paulinischen Gemeinden neben dem Agapemahl und der Eucharistie auch eine Form des Eröffnungssegens mit Wein und Brot gab, sondern auch, dass in dieses Geschehen nur jene einbezogen waren, die schon zur Gemeinde gehörten. Denn Wein und Brot (in dieser Reihenfolge!) sind *in diesem Falle* Symbol für die Gemeinde, also den „Leib Christi", ekklesiologisch verstanden. Darum darf man nicht gleichzeitig in eine Gemeinschaft integriert sein, die das leugnet, etwa in eine „Götzenopfermahlgemeinschaft", welche das Tor öffnet für dämonische Einflüsse (1 Kor 10,20)! So ergibt sich: Man muss jeweils dazugehören, in gestufter Weise, um an einem Eröffnungssegen, einem Agapemahl oder an der Eucharistie teilnehmen zu können. In der Eucharistie nun wird, paulinisch gesprochen, „Leib und Blut *des Herrn*" (1 Kor 11,27) gereicht, das ist: Seine Person! Das erfordert erst recht die entsprechende Disposition in der Liebe Christi. Selbstverständlich sind alle Menschen zur Gemeinschaft mit Christus eingeladen, aber diese Begegnung vollzieht sich in verschiedenen Stufen: Hören auf die Botschaft des Evangeliums, seine Annahme im Glauben, die Taufe, Zugehörigkeit zu einer Weggemeinschaft des Glaubens, also einer kirchlichen Gemeinde, Gemeinschaft in Gebet und im Stehen vor Gott (in vielen Formen), und erst dann, in diesem Zusammenhang, Teilnahme an der Eucharistie. Diese ist für uns Katholiken in erster Linie Gemeinschaft mit Jesus Christus, aus der dann Gemeinschaft untereinander je nach den Gegebenheiten eine Folge sein soll. Bei jedem Schritt fordert die Gemeinsamkeit mit anderen Gruppierungen eine gemeinsame Grundlage. So etwa: Anerkennung der Heiligen Schrift, der Taufe und der Verehrung des Dreifaltigen Gottes. Wir können einen Ungetauften z. B. nicht zur aktiven Teilnahme an einer Tauferinnerung einladen. Wenn im Augenblick eine gemeinsame Eucharistie unter allen Getauften nicht möglich ist, dann weil es hier Differenzen in den grundlegenden Überzeugungen gibt (z. B. die Frage der realen und bleibenden

Gegenwart Jesu unter den Gestalten oder das Amtsverständnis). So erfordert die Ehrfurcht vor Gott und voreinander, an der betreffenden Grenze stehen zu bleiben.

Das Prinzip der Zugehörigkeit zu der Feiergemeinschaft als Grundlage für Teilnahme an der Eucharistie wurde uns deutlich in der Diskussion um die Frage, ob in der katholischen Messfeier beim Kelchwort gesagt werden soll: „Dies ist mein Blut, vergossen für euch und für viele" (wie es bis zum II. Vatikanischen Konzil üblich war) oder „mein Blut, vergossen für alle" (so in den letzten Jahrzehnten). In einer eigenen Studie haben wir gezeigt,[1] dass der Schlüssel darin liegt, ob man das entsprechende Wort mit „ver-gießen" oder „aus-gießen" übersetzt. Wenn es bei Lk 22,20 heißt: „Dieser Becher ist der Neue Bund in meinem Blut als der für euch ausgegossen werdende", dann ist eindeutig vom *Ausgießen des Blutes aus dem Becher* die Rede, nicht vom *Blut-Vergießen* am Kreuz. So wurde das Kelchwort bis ins dritte Jahrhundert weitgehend verstanden. Dieses „Blut *des Bundes*" aber reicht Jesus zum Trinken „*euch*" (Lk 22,20) und „*vielen*" (Mk 14,24; Mt 26,28).

Warum sagt er nicht „für alle"? Nun, wie Gott am Sinai den Bund mit dem Volk Israel schließt und nicht mit allen Menschen, so reicht Jesus sein Blut zum Trinken denen aus Israel und den Völkern, die zu ihm gehören; daher heißt es „euch und vielen", nämlich „euch" anwesenden Jüngern (die Jesus ausgewählt hatte und die nun mit ihm waren) sowie all den „vielen", die auf euer Wort hin an mich glauben und somit zu „euch" gehören werden (Joh 17,12.20). Selbstverständlich richtet sich das Evangelium an alle Menschen, aber zur Teilnahme an dem Blut des Neuen Bundes sind erst die eingeladen, die in diesen Bund eingetreten sind und zu ihm

---

[1] N. Baumert / M.-I. Seewann, Eucharistie – „für alle" oder „für viele"?, in: Gregorianum 89, 2008, 501-532; vgl. oben in diesem Band H. Probst, Feier der Agape, 168 A 10

gehören, die also in Glaube und Taufe zu ihm, zu seinem Leib gehören.

Und hier kehrt die Frage nach der Zugehörigkeit wieder. Solange der Leib nicht eins ist, ist die Teilnahme an der Eucharistie an bestimmte Voraussetzungen gebunden. Ohne anderen Gemeinschaften die interne Feier des Abendmahles in Frage zu stellen, ist doch eine gemeinsame Eucharistiefeier nur möglich, wenn man in den Grundfragen einig ist. Zurück zu unserer Frage: Solange man das griechische *ekchynnómenon* und das lateinische *effundetur* (richtig wäre: effunditur) mit „vergießen" übersetzt, bezieht man dieses Wort auf den Kreuzestod, und dann ist selbstverständlich sachlich richtig „für alle vergossen"; denn Christus ist für alle Menschen gestorben.

Sobald man aber „ausgießen" oder „ausschenken" übersetzt (das ist die Grundbedeutung) und das Wort somit auf die Mahlhandlung bezieht (Lk 22,20 kann nur so ge-deutet werden), wird verständlich, warum es im Neuen Testament „für euch" (Lk) und „für viele" (Mk; Mt) heißt, was in der Agende zusammengezogen wird: „für euch und für viele". Jesus lädt gewiss alle Menschen ein, seine Erlösung anzunehmen, aber zum Mahl des Bundes sind erst die vielen eingeladen, welche die nötigen Schritte schon gemacht haben und zu Ihm gehören.

Da es zwischen denen, die „zu Ihm gehören", nun keine volle, sondern nur eine gestufte Gemeinsamkeit gibt, haben wir bei der Freisinger Tagung gefragt, welche weiteren Formen von gemeinsamer Feier mit wem möglich sind, und haben das nun hier dokumentiert. Es sind manche Möglichkeiten aufgezeigt, von denen man bisher kaum gewusst hat. Suchen wir vor Ort, solche Schritte miteinander zu gehen, und fragen wir uns, wen wir zu welcher Feier einladen können. Dabei wird man auch auf die örtlichen Gegebenheiten Rücksicht nehmen. Nicht jeder Pfarrer, ob katholisch, orthodox oder lutherisch, ist bereit, Dinge zu tun, die „an sich" ökumenisch möglich sind, und nicht jede Gemeinde ist of-

fen, sie mitzufeiern. Und diejenigen, die „draußen sind"
(1 Kor 5,13)? Auch ihnen will Gott begegnen. Die Beispiele von Erfurt (Bischof R. Hauke) zeigen, dass es
auch Formen für Suchende und Ungetaufte gibt. Möge
„der Herr der Ernte" seinen Segen dazu geben.

Verantwortung tragen

Vorspiel vgl. Takt 1-4

Ver - ant - wor - tung tra - gen,

Schritt für Schritt, Got - tes

Zu - kunft wa - - gen,

geh doch mit! Trau Dich he -

raus aus dem Haus und Du wirst seh'n: Ver-

ant - wor - tung tra - gen heißt ins Le - ben geh'n!

Zwischensp./Nachsp.

1)Dass die ei - ne Er - de Got -
2)Dass durch uns' - re Hän - de Leid

- - tes Gar - ten wer - de: Komm
  und Not sich wen - de: Komm,

und lass uns le - ben
ent - zün - den wir der

Got - tes Traum! Wir
Welt ein Licht! Wo

woll'n nicht län - ger war - ten,__ komm__
Män - ner, Kin - der, Frau - en__ Got -

__ und lass' uns star - ten!__ Ge - ben wir der Hoff -nung
- tes Zu - kunft bau - en,__ da ge-ben wir der Hoff -nung

wei - ten Raum!
ein Ge - sicht.

Musik und Text von Hans-Peter Riermeier

194

Grenzgänger

Vorspiel: 4 Takte

C   **B♭**   **F**

1) Grenz-gän-ger trau'n ___ sich aus dem Schne-cken-haus,
2) Grenz-gän-ger schla - fen nicht mehr mit der Macht,
3) Grenz-gän-ger ken - nen Zorn und Zärt-lich-keit,

C   **F**   **B♭4**

Grenz - gän - ger stre - cken ih - re Füh-ler aus, ___
Grenz - gän - ger sind ___ nun end-lich auf - ge - wacht,
Grenz - gän - ger kämp - fen für Ge-rech-tig-keit, ___

C   **B♭**   **G**   **C**

Grenz - gän-ger bre - chen auf in neu - es Land, ___
Grenz - gän-ger wis - sen, was die Stun-de schlägt -
Grenz - gän-ger tra - gen ih - re Hoffnung weit ___

(instr.) **F** **(Fis)** **G4**   **G** (instr.)

___ Hand in ___ Hand. ___
- - - und was ___ trägt. ___
___ bist Du be - reit? ___

Am   **C/G**   **F**   **Dm7**

Refr.: Wir blei-ben nicht steh'n, ___ und kein Sturm ___

195

kann___ uns' - re___ Kraft___ ver - weh'n. ___

Wir geh'n___ vo - ran:___ Got - tes Zu -

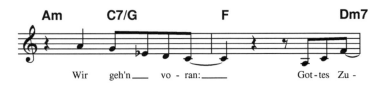

- kunft kommt, Got - tes Zu - kunft ist da,___

___ jetzt fängt es___ an!___ Grenz-gän-ger!

Musik und Text von Hans-Peter Riermeier

Du führst uns zusammen
(Neue Wege werden wahr)

Du führst uns zu-sam - men, ___ ge-

mein - sam sind wir __ hier. __ Du

setzt uns in Be-we - gung, __ wir

dan - ken Dir da - für! __ Ja, Du bist un-ser

Gott, _____ Du reißt uns aus dem

Trott. _____

Neu - e We - ge wer - den __ wahr, __ zu

Dir und zu-ein - an - der. __

1) (Halbstrophe)
Du führst uns zusammen,
gemeinsam sind wir hier.
Du setzt uns in Bewegung;
wir danken Dir dafür.

(Str. 1 a cappella, anschließend Refrain instrumental)

Refr.:
Ja, Du bist unser Gott,
Du reißt uns aus dem Trott.
Neue Wege werden wahr,
zu Dir und zueinander.

2) Du führst uns ins Weite,
Du lässt uns nicht allein,
gibst unsern Schritten weiten Raum.
Ja, Du willst uns befrei'n.

Du lässt uns nicht fallen,
bist immer für uns da,
sorgst Dich um die ganze Welt,
bist Deiner Schöpfung nah.

Refr.:
Ja, Du bist unser Gott, ...

3) Hoffnung für die Erde,
Frieden für die Welt:
Gott, zu Deinen Partnern
hast Du uns bestellt.

Im Großen wie im Kleinen –
wir glauben fest daran:
Weil Du mit uns im Bund bist,
geh'n wir die Zukunft an.

Refr.:
Ja, Du bist unser Gott, ...

4) (Halbstrophe)
<u>Du</u> willst uns verwandeln
und <u>traust</u> uns selber zu,
Ver<u>ant</u>wortung zu tragen,
denn <u>un</u>ser Fels bist Du.

(Instrumentalsolo Sax: 1mal Refr.)

(a cappella, Fingerschnippen)

5) Ja, <u>Du</u> willst uns verwandeln,
wenn <u>wir</u> den Nachbarn seh'n,
in <u>Je</u>su Sinne handeln,
in <u>Viel</u>falt uns versteh'n.

(1 Ton höher transponieren)

(Da wo wir) <u>Gren</u>zen überwinden,
<u>Äng</u>ste übersteh'n,
<u>ü</u>ber'n eig'nen Tellerrand
die <u>Not</u> des andern seh'n,

Refr.:
Da bist Du unser Gott, ...

6) <u>Viel</u> zu lang gewartet,
so <u>man</u>che Chance vertan ...
<u>Jetzt</u> wird durchgestartet,
<u>heu</u>te fängt es an!

<u>Mu</u>tig Wege wagen,
ent<u>schlos</u>sen Schritte geh'n,
<u>kei</u>ne halben Sachen mehr,
dann <u>wer</u>den alle seh'n:

Refr.:
Ja, Du bist unser Gott, ...
mit Dir und miteinander.

Musik und Text von Hans-Peter Riermeier